ncs 실현| 최고의 전문가가 만든|경찰무술

경호무도

ncs 실현 | 최고의 전문가가 만든 | 경찰무술

경호무도

저자 이기세 장동수 신장호 최지숙 천인순 신 원
김형욱 김현동 이찬중 김효찬 노성환 최영진

도서출판 진영사

■글머리

4차 산업 혁명과 더불어 불어 닥친 코로나-19는 언택트(Uncontact) 시대를 만들었고, 모든 국민들의 생활 리듬을 어지럽게 흔들어 놓았다.

한 가지 걱정은 코로나-19가 끝난다고 하더라도 예전과 같이 다시 돌아가기는 어려울 것이고, 또 다른 질병이 새롭게 나타날 것이라고 예측을 하고 있기 때문에 기존의 생활 방식에서 과감하게 벗어나 언택트 시대에 맞는 새로운 방식의 생활 형태로의 적응이 필요하다는 것에 대해 누구나 공감하고 있으며, 건강과 안전이 매우 중요함을 일깨워 주기도 하였다. 자신이 질병을 앓아 고통받는 것도 타인이 직 · 간접적인 고통을 주어 건강하지 못한 것도 자신이 안전하지 않다는 것은 쉽게 이해를 할 수 있을 것이다. 경호 무도는 신체적 · 정신적 · 사회적 건강과 안녕을 유지해야 한다는 WHO(세계보건기구)의 정의처럼 자신의 건강과 안전뿐만이 아니라 다른 형태로 인간을 위협하는 행위에서 자신과 가족 및 피 경호원의 안전까지도 책임을 질 수 있는 유일한 신체 보호 무술이기도 하다.

아무리 세상이 발전하고 변화가 빠르게 진행된다 하더라도 AI(인공지능)가 할 수 없는 일 중의 하나가 바로 신변 보호 분야이다. 신변 보호는 안전에 가장 큰 기반을 두고 있고, 상황에 대한 예측이 경험에 의한 바람직한 판단으로 이어지는 역할까지도 병행해야 경호 수준이 완성될 수 있기 때문에 반드시 사람이 할 수밖에 없다는 것은 전문가라면 이해할 수 있는 이론이기도 하다.

점점 더 사회의 각박함 속에서 살아남을 수 있는 유일한 방법 중의 하나인 경호 무도는 이제는 특별한 것이 아니라 당연함으로 인식하고 수련해야 하는 생활 무도이다. 자신을 스스로 보호해야 하는 시대이기도 하지만 생활 경호, 생활 무도, 생활 호신술 등과 같은 단어들이 자연스럽게 사용되고 있다는 것은 그만큼 필요하다는 것일지도 모른다.

이번 경호무도 교재는 호신술 기초인 손목제압술, 의복술, 방권술, 방복술, 삼단봉 활용술, 권총 막기술, 단검 막기술과 같은 다양한 무도를 포함하고 여러 상황에 맞는 내용을 적용하여 소개하였으며, 오랜 지도 경험이 많은 무도지도자들이 모여 사진을 통해 쉽게 이해할 수 있도록 노력하였다. 일반 사람들이 쉽게 접해보지 못한 기술들을 소개하는 이유는 최근 자주 발생하는 사회 범죄의 흉폭함이 극에 달해있고, 어떤 상황에서도 자신의 안전과 피경호인(의뢰인)의 안전을 우선시하는 경호 무도의 특수성을 전달하고자 소개하게 되었고, 교재를 활용하는 독자들의 열정적인 관심을 기대해 본다.

코로나-19 시대를 겪으며

저자일동

차례

경호무도
이론

1. 경호 무도의 의미

오늘날 급속한 근대화 및 산업화에 따른 인구 및 주요 시설의 대도시 집중, 사회조직과 기능의 급속한 분화, 전통적인 윤리 규범의 와해, 배금주의 사상의 팽배, 국제화 등 사회의 제반 변화와 더불어 각종 사회 문제가 야기되고 있으며 특히, 일련의 강력 범죄는 공공의 안녕과 질서를 위협하는 심각한 위험 요소로 부각되고 있다(최기호,1998). 최근 강력한 범죄는 연소화, 흉포화, 집단화, 전문화되어 가고 있으며 이렇게 전문화되는 범죄 속에서 과거와는 달리 절도 또는 단순 폭력 같은 범죄에 그치지 않고 강도, 살인과 같은 대인 흉악 범죄 유형을 띄고 있으며 최근에는 기업인 또는 그 가족을 대상으로 하는 유괴, 납치 등 인신을 담보로 하는 금전 요구의 범죄가 크게 증가하고 있어 심각한 경호 환경에 직면하고 있다(김현호,2004).

경호 무도란 의뢰인 또는 경호대상자를 안전하게 보호하기 위한 하나의 기법이다. 경호 무도는 경호대상자의 절대적인 신변안전을 확보 · 유지하기 위하여 고도로 훈련된 전문경호원의 몸을 수단으로 하여 가해자의 공격 형태에 따라 막고, 제압하여 가해자의 공격력을 중단시키고 나아가 가해자의 힘을 역으로 이용하기도 하면서 경호 임무를 수행해야 하는데 있어서 활용되어지는 다양한 호신 기법의 동작들이 바로 경호 무도이다(이기세,2005).

2. 경호 무도의 필요성

경호원이 경호대상자의 안전을 유지하기 위해서는 고도로 훈련된 몸을 수단으로 하여 경호 임무를 수행해야 하며, 다양한 방법을 동원하여 최대의 안전 확보 효과를 거두기 위해 경호 무도의 수련은 필수 불가결한 요소이다. 경호 임무를 수행함에 있어 경호대상자를 위협하는 요소들은 다양하게 발생하고 경호원이 그 공격에 대한 대적과 제압을 할 때에는 주위의 환경, 공격의 방향과 방법, 무기의 종류, 가해자의 공격기술과 능력 등을 순간적으로 파악하여 대처해야 한다. 이러한 대적과 제압을 하기 위해서는 경호원은 고도의 경호기법 및 경호 무도 기술을 필요로 하게 된다. 특히, 무도 종목 중에서도 종합무술이라고 일컫는 합기도는 다른 무도 종목이 실전에 가장 가까운 무도 종목으로 남아있으며, 유일하게 방어 위주의 술기 위주로 구성되어 있고, 경호상황에 가장 적합한 경호 무도 종목이라 할 수 있다. 또한 태권도의 빠른 발기술, 합기도의 꺾기 기술, 유도의 허리기술, 다리기술, 검도의 치기 기술들은 가장 근거리에서 상대의 힘을 역이용하여 가해자의 공격을 가장 효율적으로 방어할 수 있는 무도 종목이다. 따라서 다양한 무도 종목의 기술들중에서 경호 상황에서 필요한 기술들을 구조화하여 경호무술로 활용하며, 이에 대한 필요성을 극대화 하기 위해 체계적인 수련 프로그램이 필요할 것으로 생각된다.

3. 경호 무도의 유형별 특징

경호 무도는 다양하게 전개되는 경호상황에서 우발상황이 발생하였을 때 그 상황에 적절한 기법을 적용하여 경호대상자를 안전하게 보호하기 위해 활용되는 무도의 기법을 말하며 각 무도의 특성은 아래와 같다(이창백,2011).

유도는 일본의 전통적인 무술의 하나인 유술을 새로운 원리에 근본을 두어 집대성하여 창시한 것이다. 유도 수련의 목적은 공격과 방어의 수련을 통해 신체를 단련하고 정신을 수양함으로써 유도의 본질을 몸으로 익히는 것에 있고, 유도의 수련은 자기를 완성하고 사회에 유용한 인간을 양성하는 것에 있다고 한다. 유도의 기술은 크게 손기술, 다리기술, 허리기술로 구분하며, 메치기, 굳히기, 되치기로도 구분할 수 있고, 굳히기 기술은 누르기, 조르기, 꺾기이고, 되치기는 1교, 2교, 3교 등으로 나누어지며, 메치기는 유도를 처음 시작할 때는 메치기와 굳히기를 중심으로 연습하고 숙련도에 따라 낮은 기술부터 수준 높은 기술을 연습하는 것이 일반적인 수련의 순서이다. 굳히기는 상대를 반듯하게 누르는 누르기, 상대의 목을 조르는 조르기와 관절을 꺾거나 뒤트는 꺾기로 나누어진다. 되치기 기술은 정확한 공격을 시도하였을 경우 그것을 되받아 메치는 기술이다.

이창백(2011)은 태권도는 우리나라 국기이며, 단순한 격투술이 아니라 수련생에게 격투 이상의 품세 수련과 동시에 예술적 즐거움을 부여한다. 태권도의 기술 동작은 수련내용에 따라 기본동작, 품새, 겨루기, 격파, 호신술 등으로 구분되며 동작의 형태에 따라서 서기, 막기, 지르기, 찌르기, 치기, 차기, 피하기 등으로 구분된다. 그러나 경기에서의 태권도 기술은 크게 손기술과 발기술로 나눈다. 손기술은 막기와 지르기, 치기가 있으나 득점으로 인정되는 것은 주먹 지르기이다. 그러나 공격에 있어서 손기술 동작보다 발기술 동작이 먼 거리에서 사용하기에 유효적절하고 파괴력에서도 손기술보다 강한 힘을 발휘할 수 있기때문에 경기에서는 주먹 공격보다는 발차기 공격이 주종을 이루고 있으며 발차기 기술과 공격 방법도 매우 다양하게 사용되고 있다. 발차기는 앞차기, 돌려차기, 옆차기, 뒤차기, 뒤후리기, 내려차기, 나래차기, 돌개차기, 밀어차기 등이 있다. 손기술은 손과 팔을 이용하여 이루어지는 기술로 경기에서는 바른 주먹을 이용한 공격만을 경기에서 허용하고 있다.

검도는 서양 스포츠와 같이 스포츠화된 검도는 전통성이나 민족성이 있는 정신을 무시하는 결과를 초래하고 있으며, 승부 위주의 기술적 체계로의 전환이 이루어지고 있다. 결국, 오늘날 이러한 문제에 부딪히면서 수련을 중시 여긴다는 각종 사설 검도가 생기게 되고 여러 형태의 검도가 난립되어 개인 단체들의 특수한 형태나 역사적 논리의 난립으로 인한 문제를 야기시키게 되었고, 도(道)적 요소와 경기화 된 스포츠의 검도로 전환되는 문제를 초래하고 있다(이인희,1997).

검도는 '검술을 통한 하나의 인간 수양이다'라고 통상적으로 정의한다(김영학,1996). 그러나 이종림(1995:35)은 '칼싸움이 근원이다'라고 하기도 하였다. 검도란 쉽게 말해 칼싸움이다. 요즘은 거의 찾아보기 힘들 정도로 자취를 감추어 버렸지만 동네 아이들이 모여 나무막대기로 싸움 놀이를 하던 것, 그것이 바로 검도의 원형이다. 그 역사는 수천년 또는 수만년 전으로 거슬러 올라갈 수 있는데, 우리나라에서는 아이들뿐만 아니라 어른들의 편싸움에, 심지어는 궁중에서까지 戱棒나 擊劍이라는 이름으로 행해졌던 것이다. 이집트에서는 BC 1500년경에 이미 막대기 싸움(stick fighting)이 크게 유행하였으며, 아직도 당시의 부조물이 남아 있어 보는 사람을 놀라게 하고 있다(이종림,1995:3).

합기도는 다른 운동과 구별되는 본질적인 차이점을 특질로 하고 거기서부터 파생되는 것을 특징으로 한다면 일반적으로 다음과 같이 말할 수 있다. 첫째, 오랜 역사적 전통에서 유래된 합기도는 그 사상이 훌륭해 세계인의 평화 무도로 자리 잡아가고 있다. 둘째, 움직임 자체에 부드러움과 조화미가 돋보여 예술성이 돋보이는 무술이다. 셋째, 격렬한 승부를 가르는 스포츠와는 달리 투쟁적이지 않아 남녀노소 누구나 쉽게 수련할 수 있다. 넷째, 체력적 요소보다는 정신적 · 기술적 요소를 더욱 필요로 하기 때문에 수련 연령이 높다. 다섯째, 합기도의 정신은 몸에서 나타내는 대인 기술이기 때문에 상대의 인격을 존중하는 것이 요구되므로 예의를 중시한다. 합기도 기술은 합기도만이 가지고 있는 특별하고 독특한 특징이 있다. 합기도는 공격 술기와 방어 술기로 나누어지며 관절 술기와 타신 술기로 나누어진다. 관절 술기로는 꺾기, 던지기, 누르기, 조르기 등의 술기가 포함되어 있으며 타신 술기로는 차기, 때리기, 치기, 후리기, 찌르기의 술기가 있다. 무기를 사용하는 술기로는 단검술, 장검술, 단봉술, 장봉술, 포박술, 단장술, 부채술 등이 있으며 공격이나 방어를 위한 여러 종류의 무기 사용 시 각각의 자세가 있는데 즉, 서서, 앉아서, 누워서 등의 술기로 행하여진다. 한국합기도의 수행에 있어서 수련자의 모범적인 행동은 근본적 가치이다. 그리하여 한국합기도의 단전호흡 수행은 현대사회에 만연되어있는 병폐, 즉 승리 지상주의나 결과 중심주의 등에 無心 상태로 대응케 하는 대안적 소재가 될 수 있다(황종대,김동규,2010). 이는 일반인에게는 예방의학적 차원으로 노인에게는 건강유지의 수단으로서 사회적으로 소외되고 약한 장애인에게는 그에 맞는 명상이나 단전호흡 등의 수행 프로그램으로 道가 내재 된 신체활동을 통해 최선을 다함과 과정을 중시하는 삶 등의 그 자체에 가치를 부여할 수 있는 것이다. 그래서 약자에 대한 배려는 가진 자의 자비를 넘어 사회적 의무이며, 사회안전망과 공동선의 개념은 사회가 반드시 갖추어야 할 필수요소인 것이다(안광복,2005). 흙 속에 감춰져 있는 뿌리의 수련으로 비유되는 한국합기도의 단전호흡은 인간의 근원적 경향성을 내부로부터 조절하면서 행동을 순화시키는 무도의 본질을 내재하고 있으며, 이는 한국합기도 단전호흡 수행의 調身을 의미하는 것이다.

용무도는 유도, 태권도, 검도, 합기도, 씨름 등의 무도와 호신술을 통합시킨 종합 무도 체계로 다양한 상황에서 위해자를 제압 할 수 있는 무도라고 할 수 있다. 유도는 굳히기, 메치기, 기술을 중심으로 한 서서 하는 기술과 누워서 하는 기술로 구성되며, 태권도는 손과 발을 사용하여 지르기, 치기, 차기 기술을 중심으로 한 상대를 쓰러뜨리거나 상대의 공격으로부터 자신을 방어하는 기술로 구성되어 있으며. 합기도는 호신술적인 측면에서 자기방어를 위주로 하는 조르기, 꺾기. 방어기술 등 여러 종목에서 현실성 있게 사용되는 붙잡기, 던지기. 치기, 누르기, 조르기, 꺾기 등 상대 공격에 대한 정당한 방어를 목적으로 실전성을 겸비한 한국 무도이다(이창백,2011).

4. 경호 무도와 일반무도의 특징

경호 무도와 일반무도에서는 상대를 제압하는 방법적인 측면에서는 유사하나 상황과 목적에 따라 상이한 차이점을 찾아 볼 수 있다. 일반무도에서는 각종 시합에서의 승리를 목적으로 경기력을 향상시킨다든지 자신의 몸을 보호하기 위한 호신술과 건강증진을 목적으로 무도를 수련하지만, 경호 무도는 일반 무도와는 달리 경호업무 수행 시 나타날 수 있는 각종 우발상황에서 경호대상자를 위해자로부터 완벽하게 보호하는 데 목적이 있다. 경호 무도와 일반무도의 차이점과 특징은 다음과 같이 규정지어 질 수 있다. 일반무도에서는 상대의 목표가 자신이지만 경호 무도에서는 상대의 목표가 자신이 아닌 경호대상자이므로 자신은 제 3자의 입장에서 임무를 수행해야 한다. 일반무도에서는 공격과 방어의 상대가 명확하게 정해져 있지만 경호 무도에서는 공격자 즉, 상대를 사전에

알지 못하고 위해상황 발생 시에만 알 수 있다. 이상철(1997)은 일반무도에서는 공격에 대비해 무게중심을 낮게 하거나 움츠린 상태이지만 경호 무도에서는 경호대상자를 보호하기 위해서 수직적 방벽과 수평적 방벽을 최대화하고 공격자의 시야를 가리기 위해 최대한 체위를 확장시켜야 한다. 일반무도에서는 규칙과 규정이 있지만 경호 무도에서는 경호대상자의 보호라는 목적만 있을 뿐이다. 여덟째, 일반무도에서는 상대가 맨손이지만 경호 무도에서는 상황에 따라 상대가 무기(권총, 칼, 몽둥이 등)를 소지하고 공격할 수도 있다.

5. 일반무도의 이해

일반무도라함은 우리가 알고 있는 다수의 무도이다. 무도는 서구사회와는 이질적인 문화적 전통을 지닌 동양이라는 공간에서 발원하여 발전해 온 특수한 몸짓 체계이다. 그럼에도불구하고 오늘날에는 서구인들도 무도에 지대한 관심을 가지고 있다(송형석,2004). 이러한 현상은 동양의 사상과 문화에 뿌리를 둔 스포츠에 대한 서구사회의 관심에서 쉽게 찾아볼 수 있다(여인성,2007). 이는 철학을 비롯한 종교나 동양사상 등의 재조명과 함께 과학편중에 대한 반성, 자아를 발견하려는 인간 욕구의 출현 등에 기인하며(강유원,차명환,2006), 무도가 현대 물질문명에 대한 병폐를 극복하는 원동력이 되고 있기 때문일 것이다(권중기,2008). 따라서 일반무도를 이해하기 위해서는 신체적인 측면과 정신적인 측면을 구분할 수만 있다면 쉽게 이해할 수 있을 것이라 생각된다.

6. 일반무도의 경호 무도로 전환 활용

위기 상황이 발생하여 범인을 대적하여 경호 무도를 활용할 시에는 다음과 같은 수

칙에 입각하도록 한다. 첫째, 범인에게 잡히면 자세를 낮추고 숨을 마시도록 한다(이창백,2011).

경호 무도 활용 시 특정 자세를 유지하고자 할 때에는 예외없이 중력이나 마찰력 등의 외압을 받고 있다. 범인 대적 시 상대방과 몸싸움이 일어났을 때 안정된 자세는 대단히 중요하다. 이런 경우 위해 기도자 대부분이 흥분되었거나 과격한 행동으로 나오므로 반드시 자세를 낮추고 안정된 자세를 취해야만 효과적인 기술로 연결할 수 있다. 체포, 연행술에 있어서도 멱살, 어깨, 혁대 등을 잡아당기거나 허리 등을 껴안으려고 할 때 손바닥으로 얼굴, 턱 등을 밀든지, 힘이 월등히 강한 자에 대하여는 손가락 등으로 눈, 인후부, 겨드랑이 등을 들어가면서 찌르면 쉽게 제압할 수 있다.

7. 경호상황에 따른 경호 무도의 적용 방법

경호상황은 행사의 종류와 특성 및 장소에 따라 여러 형태로 전개되기 때문에 위해 상황 역시 다양하게 발생할 수 있다. 그러므로 경호 무도 시 발생 가능한 위해 상황을 다양한 장소에서 대치 요령에 대해 지도함으로써 실제 경호상황에서 완벽한 업무를 수행할 수 있을 것이다. 각 경호 상황별 처치 방법에 대한 수련내용은 다음과 같다(이창백,2011). 첫째, 승 · 하차 지점 위해상황 처치 방법에 대한 수련으로 승차 시 차량의 전방, 후방 및 측방에서 공격 시 대치 요령과 하차 시 공격 대치 요령에 대한 수련을 실시한다. 둘째, 실내 행사 시 위해 상황 처치 방법 수련으로 리셉션 행사 중 공격 시 대치 요령과 식당에서 위해 상황 발생 시 대치 요령, 단상에서 연설 시 공격 상대를 제압하는 방법 및 참석자와의 악수 시 공격 상대를 제압하는 방법에 대한 수련을 실시한다. 셋째, 실외 행사 시 위해 상황 처치 방법에 대한 수련으로 시위 현장에서 위해상황 발생 시 대치 요령과 군중 속을 통과 시 공격 상대를 제압하는 요령 및 경기 또는 공연 관람 시 공격 상대 제압 요령 등에 대한 수련을 실시한다. 넷째, 운동 경기 중 범인 공격 처치 방법에 대한 수련으로 골프 경기 중 공격에 대한 범인 제압요령과 조깅 시 공격 상대 제압 요령 및 기타 각종 경기 시 공격 상대 제압요령에 대한 수련을 실시한다.

8. 경호무도 주차별 강의계획서

경호 무도 교과목의 주차별 강의계획서는 대학에서 한 학기 15주 동안 진행되고 있는 수업의 내용을 주별로 구분하여 기초기술부터 다양한 호신술을 숙련시켜 경호 무도로 전환 시킬 수 있는 과정을 단계별로 지도하는 프로그램 즉, 교육과정을 예로 들어 이해 시키고자 한다.

<table>
<tr><th colspan="6">NCS/KCS 연계성</th></tr>
<tr><td>대분류</td><td>중분류</td><td>소분류</td><td colspan="3">세분류</td></tr>
<tr><td>경호경비업(11)</td><td>경호실무(01)</td><td>경호무도실습(01)</td><td colspan="3">경호무도활용(02)</td></tr>
<tr><td rowspan="2">능력단위
(코드번호)</td><td rowspan="2">경호무도
(KCS-0601010603_18v1)</td><td>학습모듈 개발유무</td><td colspan="3">미개발</td></tr>
<tr><td>활용년도, 학년-학기</td><td colspan="3">2021. 1</td></tr>
<tr><td rowspan="2">인재양성유형</td><td rowspan="2">보안요원 양성</td><td rowspan="2">교과구분</td><td>교양 · 직업 기초</td><td>NCS 교과</td><td>KCS 교과</td></tr>
<tr><td></td><td></td><td>○</td></tr>
<tr><td rowspan="2">계열(학과)명</td><td rowspan="2">경호보안과</td><td>교과목명</td><td colspan="3">경호무도</td></tr>
<tr><td>담당교수</td><td colspan="3">홍길동</td></tr>
</table>

[2021학년도 1학기 교안형]

교수학습지침서

목차

• 교수학습지침서 개요 •

교육 목표

경호 무도 활용 능력을 습득하여 현장에서 활용할 수 있도록 하기 위하여 반복적 숙달 및 응용 기술을 익힐 수 있도록 한다.

선수학습/관련자격증

경호 무도 능력을 실시하기 위해 사전에 타 여러 무도 종목수련 여부 및 소지하고 있는 무도 종목의 유단 레벨 조사를 통해 경호 활동 시 현장에서 필요한 대응 능력을 이해하고 실전에서 무도 활용이 가능하도록 맞춤식 프로그램 숙달 훈련이 필요함(호신술 지도사, 신변보호사, 합기도, 태권도 ,유도 단증)

직무 및 능력단위

직무명	능력단위(책무) ※ 자체능력단위는 (자체) 표시	코드번호	학습모듈 개발유무
경호무도	경호무도실습	(KCS-0601010603_21v1)	미개발

[교안형] 교수학습지침서의 내용 체계

단원명	세부단원명	능력단위요소(작업)			
		능력단위요소	코드번호	학습 시간	수준
1. 기초 발차기 익히기	1-1 기초 발차기 1-2 중급(미트) 발차기 1-3 고급(장애물/점프)발차기	- 발차기 활용법 적용	(KCS-0601010603_21v1)	12	3
2. 무기술 익히기	2-1. 쌍절곤 기술 2-2. 봉술 및 봉형	-쌍절곤 익히기 -봉술 익히기	(KCS-0601010603_21v1-2)	12	3
3. 낙법기술 익히기	3-1 기초 낙법 기술 3-2 점프 낙법 기술	-낙법술 적용하기	(KCS-0601010603_21v1-3)	9	3

4. 경호 시 무도 활용법 익히기	4-1 기초 방권술 적용 4-2 기초 방족술 적용 4-3 기초 방검,방건술 적용(무기/총기)	-방권술 적용하기 -방족술 적용하기 -방검술적용하기 -방건(총)술 적용하기	(KCS-0601010603_21v1-4)	12	3

핵심 용어

발차기, 경호무도, 무기술기법, 방검법, 방건법

(1) 주차 교수학습계획서

교과목명	경호무도	담당교수	홍길동	학습시간	3시간 (150분)	주차	1/15
능력단위 (코드번호)	기초발차기 익히기 (KCS-0601010603_21v1-1)	능력단위요소 (코드번호)	족술도 실기 (KCS-0601010603_21v1-1)				
학습목표	경호 행동 시 위협 상황에서 기초 발차기 기술을 활용할 수 있도록 족술 활용 방법을 훈련한다.						
수행준거	다양한 종목의 기초 발차기를 적용할 수 있다.						
지식(K)	ㅇ 발차기 기초 이용법 이해 ㅇ 발차기 세분화 연습 적용 이해 ㅇ 연속 발차기의 적용 이해						
기술(S)	ㅇ 앞차기 기술(1-1) ㅇ 옆차기 기술(1-2) ㅇ 턴차기 기술의 원리(1-3)						
태도(A)	ㅇ 경청의 자세 ㅇ 안전의 자세 ㅇ 응용의 자세 ㅇ 상대방의 반응에 따른 적용의 변화						

<table>
<tr><td>교수
학습
방법</td><td colspan="4">■ 교수 방법
• 경호무도 숙달을 위해 기초적인 발차기의 종류와 방법을 설명한다.
• 조를 구성하여 다음과 같은 활동을 수행하도록 한다.
– 2명이 한조가 되어 마주 보고 서서 발차기 훈련을 실시한다.
– 한명이 발차기의 횟수를 10회 진행한 후 휴식을 취한다.
– 한명이 끝나면 상대방과 교대를 하여 실시한다.
• 다음과 같은 활동을 수행하도록 한다.
– 파트너와의 연습이 끝나면 옆 사람과 파트너를 바꾸어 실시하도록 한다.
■ 학습 방법
• 기초적인 발차기의 원리와 속도에 대하여 이해하도록 시범을 통해 익히도록 한다.
• 조를 구성하여 다음과 같은 활동을 수행한다.
– 2인 1조로 구성하되 두 줄로 나란히 서서 익히도록 한다.
• 다음과 같은 활동을 수행한다.
– 다른 학습자들이 수련하고 있는 기술 적용이 적절한지 평가한다.
– 자신이 실시하고 있는 발차기의 높이가 적절한지 다른 학습자들의 의견을 들어 보고 수정한다.</td></tr>
<tr><td>재료 · 자료</td><td>도복착용</td><td>장비 및 도구</td><td colspan="2">안전을 위해 매트위에서 실시</td></tr>
<tr><td rowspan="2">학습단계</td><td colspan="3">교수 – 학습활동</td><td rowspan="2">시간
(분)</td></tr>
<tr><td>교수활동</td><td colspan="2">학습활동</td></tr>
<tr><td>준비 단계</td><td>• 수업 전개 5분전에 강의실에 입장
• 수업 내용 검토
• 자료 점검
• 출석 확인
〈발차기 개념에 대한 일반적 내용 Review〉
• 발차기의 필요성과 실전에서 활용 가능한 발차기에 대하여 정리한다.</td><td colspan="2">• 수업 준비 태도
• 수업에 필요한 도구 준비
(미트, 도복착용 등)
• 출석 확인에 대해 대답한다.

〈발차기 개념에 대한 일반적 내용 Review〉
–경호무도 수업을 수강하게 된 이유를 각자 발표해본다.</td><td>10</td></tr>
</table>

도입 단계	〈학습목표제시〉 • 학습목표를 제시하여 동기를 유발한다. • 이번 주 학습 주제인 '발차기 방법에 대하여 설명한다. 〈수행준거 제시〉 1. 발차기 종류에 따라 대응기법이 다르게 적용됨을 이해시킨다.	• 수업에 적극적으로 참여하기 위해 노력한다. • 학습목표를 확인한다. • 학습목표를 다함께 읽는다.	
도입 단계	〈지식 제시〉 [지식] ㅇ 발차기의 원리 이해 ㅇ 발차기 시 목표 위치 선정의 이해 ㅇ 동작 분석을 통한 발차기 기술의 이해 〈기술 제시〉 [기술] ㅇ 앞차기 기술 ㅇ 옆차기 기술 ㅇ 턴차기 기술 〈태도 제시〉 [태도] ㅇ 상대방과의 예의중시 태도 ㅇ 시범시 경청 및 안전 ㅇ 적극적으로 임하는 태도 • 수업시간 배분에 대해 설명한다.	• 수행준거를 확인한다. • 수행준거를 다함께 읽는다. • 지식, 기술, 태도를 확인한다. • 지식, 기술, 태도를 다함께 읽는다.	10
전개 단계 (1)	① 경호무도에 있어서 발차기의 활용방법에 대하여 설명한다. ② 발차기 적용 시 정확한 목표 타겟의 중요성에 대하여 설명한다.	〈수행내용 : 수행순서〉 ① 학습 주제에 대하여 확인하고, 학습 내용(발차기)에 대해 숙달여부를 확인한다. ② 2인1조 연습한 내용을 파트너를 바꾸어 연습하도록 한다.	10
전개 단계 (2)	① 학습내용을 바탕으로 발차기 기술을 습득할 수 있도록 연습한다. ② 학습내용을 바탕으로 의복수의 적용 방법을 이해하고 실전에서 활용가능 하도록 연습한다.	〈수행내용: 수행순서〉 ① 학습내용과 설명을 바탕으로 먼저 시범을 보인다. ② 학습내용의 이해를 위하여 그 내용을 언제 활용할 수 있는지 답하도록 한다.	10

정리단계	• 학습내용에 대해 종합적으로 간략히 정리하고, 질의응답 시간을 갖는다. • 다음 주 학습 주제(미트 발차기 기술의 개념)에 대한 간단한 개념과 학습 목표를 소개하고 예습을 유도한다. • 학습 과제물을 제출하도록 하고 수업을 종료한다.(금일 수업내용 연습하기)	• 교수의 정리내용을 숙지한다. – 교수자의 지시에 대해 귀를 기울인다. • 학습내용을 정리하고 복습한다.	3
평가	• 평가자 체크리스트 평가		5
과제 부과 및 차시 예고	• 다음 차시 : 미트 발차기 실습		2
참고 Site 및 문헌	호신술과 경호무술(이기세공저),2005. 경찰체포호신술(이기세, 송규근, 2011)		

(2) 주차 교수학습계획서

교과목명	경호무도	담당교수	홍길동	학습시간	3시간 (150분)	주차	2/15
능력단위 (코드번호)	기초발차기 익히기 (KCS-0601010603_21v1-1)	능력단위요소 (코드번호)	족술도 실기 (KCS-0601010603_21v1-2)				
학습목표	경호 행동 시 위협 상황에서 기초 발차기 기술을 활용할 수 있도록 족술 활용 방법을 훈련한다.						
수행준거	다양한 종목의 기초 발차기를 적용할 수 있다.						
지식(K)	○ 발차기 기초 이용법 이해 ○ 발차기 세분화 연습 적용 이해 ○ 연속 발차기의 적용 이해						
기술(S)	○ 찍어차기 기술(1-1) ○ 돌려차기 기술(1-2) ○ 하단차기 기술의 원리(1-3)						

<table>
<tr><td>태도(A)</td><td colspan="4">ㅇ 경청의 자세
ㅇ 안전의 자세
ㅇ 응용의 자세
ㅇ 상대방의 반응에 따른 적용의 변화</td></tr>
<tr><td>교수
학습
방법</td><td colspan="4">■ 교수 방법
• 경호무도 숙달을 위해 기초적인 발차기의 종류와 방법을 설명한다.
• 조를 구성하여 다음과 같은 활동을 수행하도록 한다.
– 2명이 한조가 되어 마주 보고 서서 발차기 훈련을 실시한다.
– 한명이 발차기의 횟수를 10회 진행한 후 휴식을 취한다.
– 한명이 끝나면 상대방과 교대를 하여 실시한다.
• 다음과 같은 활동을 수행하도록 한다.
– 파트너와의 연습이 끝나면 옆 사람과 파트너를 바꾸어 실시하도록 한다.</td></tr>
<tr><td>교수
학습
방법</td><td colspan="4">■ 학습 방법
• 기초적인 발차기의 원리와 속도에 대하여 이해하도록 시범을 통해 익히도록 한다.
• 조를 구성하여 다음과 같은 활동을 수행한다.
– 2인 1조로 구성하되 두 줄로 나란히 서서 익히도록 한다.
• 다음과 같은 활동을 수행한다.
– 다른 학습자들이 수련하고 있는 기술 적용이 적절한지 평가한다.
– 자신이 실시하고 있는 발차기의 높이가 적절한지 다른 학습자들의 의견을 들어 보고 수정한다.</td></tr>
<tr><td>재료 ·
자료</td><td>도복착용</td><td>장비 및 도구</td><td colspan="2">안전을 위해 매트위에서 실시</td></tr>
<tr><td rowspan="2">학습단계</td><td colspan="3">교수 – 학습활동</td><td rowspan="2">시간
(분)</td></tr>
<tr><td>교수활동</td><td colspan="2">학습활동</td></tr>
<tr><td>준비 단계</td><td>• 수업 전개 10분전에 강의실에 입장
• 수업 내용 검토
• 자료 점검
• 출석 확인
〈발차기 개념에 대한 일반적 내용 Review〉
• 발차기의 필요성과 실전에서 활용 가능한 발차기에 대하여 정리한다.</td><td colspan="2">• 수업 준비 태도
• 수업에 필요한 도구 준비
(미트, 도복착용 등)
• 출석 확인에 대해 대답한다.

〈수강동기 및 각오 발표〉
– 경호무도 수업을 수강하게 된 이유 및 각오를 각자 발표해본다.</td><td>10</td></tr>
</table>

<table>
<tr><td>도입 단계</td><td>학습목표제시〉
• 학습목표를 제시하여 동기를 유발한다.
• 이번 주 학습 주제인 '발차기 방법에 대하여 설명한다.
〈수행준거 제시〉
1. 발차기 종류에 따라 대응기법이 다르게 적용됨을 이해시킨다.
〈지식 제시〉
[지식]
o 발차기의 원리 이해
o 발차기 시 목표 위치 선정의 이해
o 동작 분석을 통한 발차기 기술의 이해</td><td>• 수업에 적극적으로 참여하기 위해 노력한다.
• 학습목표를 확인한다.
• 학습목표를 다함께 읽는다.

• 수행준거를 확인한다.
• 수행준거를 다함께 읽는다.

• 지식, 기술, 태도를 확인한다.
• 지식, 기술, 태도를 다함께 읽는다.</td><td></td></tr>
<tr><td>도입 단계</td><td>〈기술 제시〉
[기술]
o 찍어차기 기술
o 돌려차기 기술
o 하단차기 기술
〈태도 제시〉
[태도]
o 상대방과의 예의중시 태도
o 시범시 경청 및 안전
o 적극적으로 임하는 태도
• 수업시간 배분에 대해 설명한다.</td><td></td><td>10</td></tr>
<tr><td>전개 단계
(1)</td><td>① 경호무도에 있어서 발차기의 활용방법에 대하여 설명한다.
② 발차기 적용 시 정확한 목표 타겟의 중요성에 대하여 설명한다.</td><td>〈수행내용 : 수행순서〉
① 학습 주제에 대하여 확인하고, 학습 내용(발차기)에 대해 숙달여부를 확인한다.
② 2인1조 연습한 내용을 파트너를 바꾸어 연습하도록 한다.</td><td>10</td></tr>
</table>

전개 단계 (2)	① 학습내용을 바탕으로 발차기 기술을 습득할 수 있도록 연습한다. ② 학습내용을 바탕으로 의복수의 적용 방법을 이해하고 실전에서 활용가능 하도록 연습한다.	〈수행내용: 수행순서〉 ① 학습내용과 설명을 바탕으로 먼저 시범을 보인다. ② 학습내용의 이해를 위하여 그 내용을 언제 활용할 수 있는지 답하도록 한다.	10
정리단계	• 학습내용에 대해 종합적으로 간략히 정리하고, 질의응답 시간을 갖는다. • 다음 주 학습 주제(미트 발차기 기술의 개념)에 대한 간단한 개념과 학습 목표를 소개하고 예습을 유도한다. • 학습 과제물을 제출하도록 하고 수업을 종료한다.(금일 수업내용 연습하기)	• 교수의 정리내용을 숙지한다. – 교수자의 지시에 대해 귀를 기울인다. • 학습내용을 정리하고 복습한다.	3
평가	• 평가자 체크리스트 평가		5
과제 부과 및 차시 예고	• 다음 차시 : 미트 발차기 실습		2
참고 Site 및 문헌	호신술과 경호무술(이기세공저),2005. 경찰체포호신술(이기세, 송규근, 2011)		

(3) 주차 교수학습계획서

교과목명	경호무도	담당교수	홍길동	학습 시간	3시간 (150분)	주차	3/15
능력단위 (코드번호)	기초발차기 익히기 (KCS-0601010603_21v1-1)	능력단위요소 (코드번호)	족술도 실기(미트차기) (KCS-0601010603_21v1-3)				
학습목표	경호 행동 시 위협 상황에서 기초 발차기 기술을 활용할 수 있도록 미트 사용 족술 활용 방법을 훈련한다.						
수행준거	다양한 종목의 미트 발차기를 적용할 수 있다.						

<table>
<tr><td>지식(K)</td><td colspan="3">○ 발차기 기초 이용법 이해
○ 발차기 세분화 연습 적용 이해
○ 연속 발차기의 적용 이해</td></tr>
<tr><td>기술(S)</td><td colspan="3">○ 미트사용 앞돌려차기 기술(1–1)
○ 미트사용 회축차기 기술(1–2)
○ 미트사용 찍고찍어차기 기술의 원리(1–3)</td></tr>
<tr><td>태도(A)</td><td colspan="3">○ 경청의 자세
○ 안전의 자세
○ 응용의 자세
○ 상대방의 반응에 따른 적용의 변화</td></tr>
<tr><td>교수
학습
방법</td><td colspan="3">■ 교수 방법
• 경호무도 숙달을 위해 기초적인 발차기의 종류와 방법을 설명한다.
• 조를 구성하여 다음과 같은 활동을 수행하도록 한다.
– 2명이 한조가 되어 마주 보고 서서 발차기 훈련을 실시한다.
– 한명이 발차기의 횟수를 10회 진행한 후 휴식을 취한다.
– 한명이 끝나면 상대방과 교대를 하여 실시한다.</td></tr>
<tr><td>교수
학습
방법</td><td colspan="3">• 다음과 같은 활동을 수행하도록 한다.
– 파트너와의 연습이 끝나면 옆 사람과 파트너를 바꾸어 실시하도록 한다.
■ 학습 방법
• 기초적인 발차기의 원리와 속도에 대하여 이해하도록 시범을 통해 익히도록 한다.
• 조를 구성하여 다음과 같은 활동을 수행한다.
– 2인 1조로 구성하되 두 줄로 나란히 서서 익히도록 한다.
• 다음과 같은 활동을 수행한디.
– 다른 학습자들이 수련하고 있는 기술 적용이 적절한지 평가한다.
– 자신이 실시하고 있는 발차기의 높이가 적절한지 다른 학습자들의 의견을 들어 보고 수정한다.</td></tr>
<tr><td>재료 · 자료</td><td>도복착용</td><td>장비 및 도구</td><td>안전을 위해 매트위에서 실시</td></tr>
<tr><td rowspan="2">학습단계</td><td colspan="2">교수 – 학습활동</td><td rowspan="2">시간
(분)</td></tr>
<tr><td>교수활동</td><td>학습활동</td></tr>
<tr><td>준비 단계</td><td>• 수업 전개 10분전에 강의실에 입장
• 수업 내용 검토
• 자료 점검
• 출석 확인</td><td>• 수업 준비 태도
• 수업에 필요한 도구 준비
(미트, 도복착용 등)
• 출석 확인에 대해 대답한다.</td><td>10</td></tr>
</table>

	〈발차기 개념에 대한 일반적 내용 Review〉 • 미트 발차기의 필요성과 실전에서 활용 가능한 발차기에 대하여 정리한다.	〈미트사용 발차기 개념에 대한 일반적 내용 Review〉 – 미트 발차기 실시 후 자신감에 대하여 발표해본다.	
	〈학습목표제시〉 • 학습목표를 제시하여 동기를 유발한다. • 이번 주 학습 주제인 '발차기 방법에 대하여 설명한다. 〈수행준거 제시〉 1. 발차기 종류에 따라 대응기법이 다르게 적용됨을 이해시킨다. 〈지식 제시〉 [지식] ㅇ 미트 발차기의 원리 이해 ㅇ 미트 발차기 시 목표 위치 선정의 이해 ㅇ 동작 분석을 통한 미트 발차기 기술의 이해	• 수업에 적극적으로 참여하기 위해 노력한다. • 학습목표를 확인한다. • 학습목표를 다함께 읽는다.	10
도입 단계	〈기술 제시〉 [기술] ㅇ 미트 사용 찍어차기 기술 ㅇ 미트 사용 돌려차기 기술 ㅇ 미트 사용 하단차기 기술 〈태도 제시〉 [태도] ㅇ 상대방과의 예의중시 태도 ㅇ 시범시 경청 및 안전 ㅇ 적극적으로 임하는 태도 • 수업시간 배분에 대해 설명한다.	• 수행준거를 확인한다. • 수행준거를 다함께 읽는다. • 지식, 기술, 태도를 확인한다. • 지식, 기술, 태도를 다함께 읽는다.	10
전개 단계 (1)	① 무도실기1에 있어서 미트 사용 발차기의 활용방법에 대하여 설명한다. ② 미트 사용 발차기 적용시 정확한 목표 타겟의 중요성에 대하여 설명한다.	〈수행내용 : 수행순서〉 ① 학습 주제에 대하여 확인하고, 학습 내용(미트사용 발차기)에 대해 숙달여부를 확인한다. ② 2인1조 연습한 내용을 파트너를 바꾸어 연습하도록 한다.	10

전개 단계 (2)	① 학습내용을 바탕으로 미트 발차기 기술을 습득할 수 있도록 연습한다. ② 학습내용을 바탕으로 미트 발차기의 적용 방법을 이해하고 실전에서 활용가능 하도록 연습한다.	〈수행내용: 수행순서〉 ① 학습내용과 설명을 바탕으로 먼저 시범을 보인다. ② 학습내용의 이해를 위하여 그 내용을 언제 활용할 수 있는지 답하도록 한다.	10
정리단계	• 학습내용에 대해 종합적으로 간략히 정리하고, 질의응답 시간을 갖는다. • 다음 주 학습 주제(미트 발차기 기술의 개념)에 대한 간단한 개념과 학습 목표를 소개하고 예습을 유도한다. • 학습 과제물을 제출하도록 하고 수업을 종료한다.(금일 수업내용 연습하기)	• 교수의 정리내용을 숙지한다. – 교수자의 지시에 대해 귀를 기울인다. • 학습내용을 정리하고 복습한다.	3
평가	• 평가자 체크리스트 평가		5
과제 부과 및 차시 예고	• 다음 차시 : 장애물 이용 발차기 실습		2
참고 Site 및 문헌	호신술과 경호무술(이기세공저),2005. 경찰체포호신술(이기세, 송규근, 2011)		

(4) 주차 교수학습계획서

교과목명	경호무도	담당교수	홍길동	학습 시간	3시간 (150분)	주차	4/15
능력단위 (코드번호)	기초발차기 익히기 (KCS-0601010603_21v1-1)	능력단위요소 (코드번호)	족술도 실기(장애물 차기) (KCS-0601010603_21v1-4)				
학습목표	경호 행동 시 위협 상황에서 기초 발차기 기술을 활용할 수 있도록 족술 활용 방법을 훈련한다.						
수행준거	다양한 종목의 기초 발차기를 적용할 수 있다.						

<table>
<tr><td>지식(K)</td><td colspan="3">○ 발차기 기초 이용법 이해
○ 발차기 세분화 연습 적용 이해
○ 연속 발차기의 적용 이해</td></tr>
<tr><td>기술(S)</td><td colspan="3">○ 장애물 밟고 찍어차기 기술(1-1)
○ 장애물 밟고 뒤차기 기술(1-2)
○ 장애물 밟고 이단 차기 기술(1-3)</td></tr>
<tr><td>태도(A)</td><td colspan="3">○ 경청의 자세
○ 안전의 자세
○ 응용의 자세
○ 상대방의 반응에 따른 적용의 변화</td></tr>
<tr><td>교수
학습
방법</td><td colspan="3">■ 교수 방법
• 경호무도 숙달을 위해 기초적인 발차기의 종류와방법을 설명한다.
• 조를 구성하여 다음과 같은 활동을 수행하도록 한다.
- 8명이 한조가 되어 한 줄로 서서발차기 훈련을 실시한다.
- 한명이 발차기의 횟수를 10회 진행한 후휴식을 취한다.
- 한조가 모두 끝나면 미트 잡는 상대와 교대를 하여 실시한다.</td></tr>
<tr><td>교수
학습
방법</td><td colspan="3">• 다음과 같은 활동을 수행하도록 한다.
- 1인 1종목 10회의 연습이 끝나면 옆 사람과 파트너를 바꾸어 실시하도록 한다.
■ 학습 방법
• 기초적인 발차기의 원리와 속도에 대하여 이해하도록 시범을 통해 익히도록 한다.
• 조를 구성하여 다음과 같은 활동을 수행한다.
- 8인 1조로 구성하되 한 줄로 나란히 서서 익히도록 한다.
• 다음과 같은 활동을 수행한다.
- 다른 학습자들이 수련하고 있는 기술 적용이 적절한지 평가한다.
- 자신이 실시하고 있는 발차기의 높이가 적절한지 다른 학습자들의 의견을 들어 보고 수정 한다.</td></tr>
<tr><td>재료 · 자료</td><td>도복착용</td><td>장비 및 도구</td><td>안전을 위해 매트위에서 실시</td></tr>
</table>

<table>
<tr><td rowspan="2">학습단계</td><td colspan="2">교수 - 학습활동</td><td rowspan="2">시간
(분)</td></tr>
<tr><td>교수활동</td><td>학습활동</td></tr>
<tr><td></td><td>• 수업 전개 5분전에 강의실에 입장
• 수업 내용 검토
• 자료 점검
• 출석 확인</td><td>• 수업 준비 태도
• 수업에 필요한 도구 준비
(미트, 도복착용 등)
• 출석 확인에 대해 대답한다.</td><td></td></tr>
</table>

준비 단계	〈발차기 개념에 대한 일반적 내용 Review〉 • 발차기의 필요성과 실전에서 활용 가능한 발차기에 대하여 정리한다.	〈경호무도 수련이 경호활동애 적용할 수 있는지에 대한 일반적 내용 Review〉 – 경호무도 수업 시 반드시 해야할 무도 동작은 무엇인지 각자 발표해본다.	10
도입 단계	〈학습목표제시〉 • 학습목표를 제시하여 동기를 유발한다. • 이번 주 학습 주제인 '발차기 방법에 대하여 설명한다. 〈수행준거 제시〉 1. 발차기 종류에 따라 대응기법이 다르게 적용됨을 이해시킨다.	• 수업에 적극적으로 참여하기 위해 노력한다. • 학습목표를 확인한다. • 학습목표를 다함께 읽는다. • 수행준거를 확인한다. • 수행준거를 다함께 읽는다. • 지식, 기술, 태도를 확인한다. • 지식, 기술, 태도를 다함께 읽는다.	
도입 단계	〈지식 제시〉 [지식] ㅇ 발차기의 원리 이해 ㅇ 발차기 시 목표 위치 선정의 이해 ㅇ 동작 분석을 통한 발차기 기술의 이해 〈기술 제시〉 [기술] ㅇ 장애물 밟고 찍어차기 기술 ㅇ 장애물 밟고 뒤차기 기술 ㅇ 장애물 밟고 이단차기 기술 〈태도 제시〉 [태도] ㅇ 상대방과의 예의중시 태도 ㅇ 시범시 경청 및 안전 ㅇ 적극적으로 임하는 태도 • 수업시간 배분에 대해 설명한다.		10

전개 단계 (1)	① 경호무도에 있어서 발차기의 활용방법에 대하여 설명한다. ② 발차기 적용시 정확한 목표 타겟의 중요성에 대하여 설명한다.	〈수행내용 : 수행순서〉 ① 학습 주제에 대하여 확인하고, 학습 내용(발차기)에 대해 숙달여부를 확인한다. ② 2인1조 연습한 내용을 파트너를 바꾸어 연습하도록 한다.	10
전개 단계 (2)	① 학습내용을 바탕으로 발차기 기술을 습득할 수 있도록 연습한다. ② 학습내용을 바탕으로 의복수의 적용 방법을 이해하고 실전에서 활용가능 하도록 연습한다.	〈수행내용: 수행순서〉 ① 학습내용과 설명을 바탕으로 먼저 시범을 보인다. ② 학습내용의 이해를 위하여 그 내용을 언제 활용할 수 있는지 답하도록 한다.	10
정리단계	• 학습내용에 대해 종합적으로 간략히 정리하고, 질의응답 시간을 갖는다. • 다음 주 학습 주제(무기술 익히기)에 대한 간단한 개념과 학습 목표를 소개하고 예습을 유도한다.		3
정리단계	• 학습 과제물을 제출하도록 하고 수업을 종료한다.(금일 수업내용 연습하기)	• 교수의 정리내용을 숙지한다. – 교수자의 지시에 대해 귀를 기울인다. • 학습내용을 정리하고 복습한다.	3
평가	• 평가자 체크리스트 평가		5
과제 부과 및 차시 예고	• 다음 차시 : 무기술 실습		2
참고 Site 및 문헌	호신술과 경호무술(이기세공저), 2005. 경찰체포호신술(이기세, 송규근, 2011)		

(5) 주차 교수학습계획서

<table>
<tr><td>교과목명</td><td>경호무도</td><td>담당교수</td><td>홍길동</td><td>학습
시간</td><td>3시간
(150분)</td><td>주차</td><td>5/15</td></tr>
<tr><td>능력단위
(코드번호)</td><td>무기활용법 익히기
(KCS-0601010603_21v1-1)</td><td>능력단위요소
(코드번호)</td><td colspan="5">쌍절곤 활용법 실기(한손으로)
(KCS-0601010603_21v1-2)</td></tr>
<tr><td>학습목표</td><td colspan="7">무기 활용법을 훈련한다.(쌍절곤/1개로 수련 실시)</td></tr>
<tr><td>수행준거</td><td colspan="7">다양한 무기술을 체험한다.</td></tr>
<tr><td>지식(K)</td><td colspan="7">ㅇ 무기술 기초 이용법 이해
ㅇ 무기술 적용 이해
ㅇ 무기술을 활용한 방어법의 적용 이해</td></tr>
<tr><td>기술(S)</td><td colspan="7">ㅇ 쌍절곤 활용기초기술(1-1)
ㅇ 쌍절곤 한개로 활용법 기술(1-2)
ㅇ 무기를 활용하여 방어하는 방법의 원리(1-3)</td></tr>
<tr><td>태도(A)</td><td colspan="7">ㅇ 경청의 자세
ㅇ 안전의 자세
ㅇ 응용의 자세
ㅇ 상대방의 반응에 따른 적용의 변화</td></tr>
<tr><td>교수
학습
방법</td><td colspan="7">■ 교수 방법
• 쌍절곤 한개로 수달하기 위하여 가종 무기의 종류와방법을 설명한다.
• 조를 구성하여 다음과 같은 활동을 수행하도록 한다.
– 1인 한조가 되어 쌍절곤 한 개로 숙련 훈련을 실시한다.
– 오른손의 연습이 끝나면 왼손으로 연습을 실시한다.
• 다음과 같은 활동을 수행하도록 한다.
– 오른손과 왼손의 기술이 똑같게 숙련한다.
■ 학습 방법
• 쌍절곤 한 개로 활용 시 안전에 대하여 이해하도록 시범을 통해익히도록 한다.
• 조를 구성하여 다음과 같은 활동을 수행한다.
– 1인 1조로 구성하되 두 줄로 나란히 서서 익히도록 한다.
• 다음과 같은 활동을 수행한다.
– 다른 학습자들이 수련하고 있는 기술 적용이 적절한지 평가한다.
– 자신이 연습한 쌍절곤 한 개로 기술이 적절한지 다른 학습자들의 의견을 들어보고 수정한다.</td></tr>
<tr><td>재료 · 자료</td><td>도복착용</td><td>장비 및 도구</td><td colspan="5">안전을 위해 알루미늄 쌍절곤을 활용한다.</td></tr>
</table>

학습단계	교수 –학습활동		시간(분)
	교수활동	학습활동	
준비 단계	• 수업 전개 5분전에 강의실에 입장 • 수업 내용 검토 • 자료 점검 • 출석 확인	• 수업 준비 태도 • 수업에 필요한 도구 준비 (미트, 도복착용 등) • 출석 확인에 대해 대답한다.	10
준비 단계	〈경호무도의 무기술 개념에 대한 일반적 내용 Review〉 • 무기술의 기술 중 실전에서 활용 가능한 쌍절곤 활용에 대하여 정리한다.	〈무기술 개념에 대한 일반적 내용 Review〉 – 무기술의 기술 중쌍절곤 한 개로 기술이 활용 가능한지이유를 각자 발표해본다.	
도입 단계	〈학습목표제시〉 • 학습목표를 제시하여 동기를 유발한다. • 이번 주 학습 주제인 '양손 쌍절곤 돌리는 방법에 대하여 설명한다.		
도입 단계	〈수행준거 제시〉 1. 상대방의 공격을 무기를 활용하여 상황에 따라 호신기법이 다르게 적용됨을 이해시킨다. 〈지식 제시〉 [지식] ㅇ 쌍절곤의 원리 이해 ㅇ 쌍절곤 사용법의 이해 ㅇ 쌍절곤의 회전원리 이해 〈기술 제시〉 [기술] ㅇ 쌍절곤 한 개로 기술 ㅇ 쌍절곤 활용하기 기술 ㅇ 한발씩 이동하며 쌍절곤 돌리기 기술	• 수업에 적극적으로 참여하기 위해 노력한다. • 학습목표를 확인한다. • 학습목표를 다함께 읽는다. • 수행준거를 확인한다. • 수행준거를 다함께 읽는다. • 지식, 기술, 태도를 확인한다. • 지식, 기술, 태도를 다함께 읽는다.	10

	〈태도 제시〉 [태도] ㅇ 상대방과의 예의중시 태도 ㅇ 시범 시 경청 및 안전 ㅇ 적극적으로 임하는 태도 • 수업시간 배분에 대해 설명한다.		
전개 단계 (1)	① 쌍절곤 한개로 방법에 대하여 설명한다. ② 무기술 적용시 쌍절곤의 안전 활용법의 중요성에 대하여 설명한다. ③ 쌍절곤 활용법의 중요성에 대하여 설명한다.	〈수행내용 : 수행순서〉 ① 학습 주제에 대하여 확인하고, 학습 내용(쌍절곤기술)에 대해 숙달여부를 확인한다. ② 6인1조 연습한 내용을 다른 조와 바꾸어 연습하도록 한다.	10
전개 단계 (2)	① 학습내용을 바탕으로 쌍절곤 기술을 습득할 수 있도록 연습한다.	〈수행내용: 수행순서〉 ① 학습내용과 설명을 바탕으로 먼저 시범을 보인다.	
전개 단계 (2)	② 학습내용을 바탕으로 쌍절곤 전환수의 적용 방법을 이해하고 실전에서 활용 가능하도록 연습한다.	② 학습내용의 이해를 위하여 그 내용을 언제 활용할 수 있는지 답하도록 한다.	10
정리단계	• 학습내용에 대해 종합적으로 간략히 정리하고, 질의응답 시간을 갖는다. • 다음 주 학습 주제(쌍절곤 기술의 개념)에 대한 간단한 개념과 학습 목표를 소개하고 예습을 유도한다. • 학습 과제물을 제출하도록 하고 수업을 종료한다.(금일 수업내용 연습하기)	• 교수의 정리내용을 숙지한다. – 교수자의 지시에 대해 귀를 기울인다. • 학습내용을 정리하고 복습한다.	3
평가	• 평가자 체크리스트 평가		5

과제 부과 및 차시 예고	• 다음 차시 : 쌍절곤 두개	2
참고 Site 및 문헌	호신술과 경호무술(이기세공저),2005. 경찰체포호신술(이기세, 송규근, 2011)	

(6) 주차 교수학습계획서

교과목명	경호무도	담당교수	홍길동	학습시간	3시간(150분)	주차	6/15
능력단위(코드번호)	무기활용법 익히기 (KCS-0601010603_21v1-2)	능력단위요소(코드번호)	쌍절곤 활용법 실기(양손으로) (KCS-0601010603_21v1-2)				
학습목표	무기 활용법을 훈련한다.(쌍절곤/양손으로 수련하기)						
수행준거	다양한 무기술을 체험한다.(양손에 쌍절곤을 잡고 수련한다)						
지식(K)	ㅇ 무기술 기초 이용법 이해 ㅇ 무기술 적용 이해 ㅇ 무기술을 활용한 방어법의 적용 이해						
기술(S)	ㅇ 쌍절곤 양손활용기초기술(1-1) ㅇ 봉술 활용법 기술(1-2) ㅇ 무기를 활용하여 방어하는 방법의 원리(1-3)						
태도(A)	ㅇ 경청의 자세 ㅇ 안전의 자세 ㅇ 응용의 자세 ㅇ 상대방의 반응에 따른 적용의 변화						
교수 학습 방법	■ 교수 방법 • 쌍절곤을 두 손으로 숙달하기 위하여 각종 무기의 종류와방법을 설명한다. • 조를 구성하여 다음과 같은 활동을 수행하도록 한다. - 각각 1인 두 개의 쌍절곤을 가지고 무기술 숙련 훈련을 실시한다. - 양손으로 연습을 실시한다. • 다음과 같은 활동을 수행하도록 한다. - 쌍절곤간 충돌이 생기지 않도록 높이를 조절하여 실시하도록 한다.						

<table>
<tr><td></td><td colspan="4">■ 학습 방법
• 쌍절곤 활용 시 안전에 대하여 이해하도록 시범을 통해익히도록 한다.
• 조를 구성하여 다음과 같은 활동을 수행한다.
– 쌍절곤 한 개로 연습을 한 후 옆에 있는 다른 사람이 다치지 않도록 서서 익히도록 한다.
• 다음과 같은 활동을 수행한다.
– 다른 학습자들이 수련하고 있는 기술 적용이 적절한지 평가한다.
– 자신이 연습한 쌍절곤 기술이 적절한지 다른 학습자들의 의견을 들어 보고 수정한다.</td></tr>
<tr><td>재료 · 자료</td><td>도복착용</td><td>장비 및 도구</td><td colspan="2">안전을 위해 알루미늄 쌍절곤을 활용한다.</td></tr>
<tr><td rowspan="2">학습단계</td><td colspan="3">교수 – 학습활동</td><td rowspan="2">시간
(분)</td></tr>
<tr><td>교수활동</td><td colspan="2">학습활동</td></tr>
<tr><td>준비 단계</td><td>• 수업 전개 5분전에 강의실에 입장
• 수업 내용 검토
• 자료 점검
• 출석 확인
〈경호무도의 무기술 개념에 대한 일반적 내용 Review〉
• 무기술의 기술 중 실전에서 활용 가능한 쌍절곤 두 개 활용에 대하여 정리한다.</td><td colspan="2">• 수업 준비 태도
• 수업에 필요한 도구 준비
(미트, 도복착용 등)
• 출석 확인에 대해 대답한다.

〈무기술 개념에 대한 일반적 내용 Review〉
– 무기술의 기술 중쌍절곤 두개 기술이 활용가능한지이유를 각자 발표해본다.</td><td>10</td></tr>
<tr><td>도입 단계</td><td>〈학습목표제시〉
• 학습목표를 제시하여 동기를 유발한다.
• 이번 주 학습 주제인 '양손 쌍절곤 돌리는 방법에 대하여 설명한다.
〈수행준거 제시〉
1. 상대방의 공격을 무기를 활용하여 상황에 따라 호신기법이 다르게 적용됨을 이해시킨다.</td><td colspan="2">• 수업에 적극적으로 참여하기 위해 노력한다.
• 학습목표를 확인한다.
• 학습목표를 다함께 읽는다.

• 수행준거를 확인한다.
• 수행준거를 다함께 읽는다.

• 지식, 기술, 태도를 확인한다.
• 지식, 기술, 태도를 다함께 읽는다.</td><td>10</td></tr>
</table>

	〈지식 제시〉 [지식] ㅇ 쌍절곤의 균형원리 이해 ㅇ 쌍절곤 사용법의 이해 ㅇ 쌍절곤의 회전원리 이해 〈기술 제시〉 [기술] ㅇ 쌍절곤 기술(두개로 실시) ㅇ 쌍절곤 활용하기 기술 ㅇ 전환하며 쌍절곤 돌리기 기술 〈태도 제시〉 [태도] ㅇ 상대방과의 예의중시 태도 ㅇ 시범시 경청 및 안전 ㅇ 적극적으로 임하는 태도 • 수업시간 배분에 대해 설명한다.		
전개 단계 (1)	① 쌍절곤 두 개로 활용 방법에 대하여 설명한다. ② 쌍절곤 두 개 활용시 쌍절곤의 안전 활용법의 중요성에 대하여 설명한다. ③ 쌍절곤 활용법의 중요성에 대하여 설명한다.	〈수행내용 : 수행순서〉 ① 학습 주제에 대하여 확인하고, 학습 내용(쌍절곤기술)에 대해 숙달여부를 확인한다. ② 6인1조 연습한 내용을 다른 조와 바꾸어 연습하도록 한다.	10
전개 단계 (2)	① 학습내용을 바탕으로 쌍절곤 기술을 습득할 수 있도록 연습한다. ② 학습내용을 바탕으로 쌍절곤 전환수의 적용 방법을 이해하고 실전에서 활용 가능하도록 연습한다.	〈수행내용: 수행순서〉 ① 학습내용과 설명을 바탕으로 먼저 시범을 보인다. ② 학습내용의 이해를 위하여 그 내용을 언제 활용할 수 있는지 답하도록 한다.	10

정리단계	• 학습내용에 대해 종합적으로 간략히 정리하고, 질의응답 시간을 갖는다. • 다음 주 학습 주제(쌍절곤 기술의 개념)에 대한 간단한 개념과 학습 목표를 소개하고 예습을 유도한다. • 학습 과제물을 제출하도록 하고 수업을 종료한다.(금일 수업내용 연습하기)	• 교수의 정리내용을 숙지한다. – 교수자의 지시에 대해 귀를 기울인다. • 학습내용을 정리하고 복습한다.	3
평가	• 평가자 체크리스트 평가		5
과제 부과 및 차시 예고	• 다음 차시 : 봉술		2
참고 Site 및 문헌	호신술과 경호무술(이기세공저), 2005. 경찰체포호신술(이기세, 송규근, 2011)		

(7) 주차 교수학습계획서

교과목명	경호무도	담당교수	홍길동	학습시간	3시간 (150분)	주차	7/15
능력단위 (코드번호)	무기 활용법 익히기 (KCS-0601010603_21v1)	능력단위요소 (코드번호)	봉술 활용법 실기 (KCS-0601010603_21v1-3)				
학습목표	무기활용법을 훈련한다.(봉술)						
수행준거	다양한 무기술을 체험한다.						
지식(K)	○ 무기술 기초 이용법 이해 ○ 무기술 적용 이해 ○ 무기술을 활용한 방어법의 적용 이해						
기술(S)	○ 봉술 활용기초기술(1-1) ○ 봉술 활용법 기술(1-2) ○ 무기를 활용하여 방어하는 방법의 원리(1-3)						
태도(A)	○ 경청의 자세 ○ 안전의 자세 ○ 응용의 자세 ○ 상대방의 반응에 따른 적용의 변화						

<table>
<tr><td>교수
학습
방법</td><td colspan="3">■ 교수 방법
• 무기술을 숙달하기 위하여 각종 무기의 종류와 방법을 설명한다.
• 조를 구성하여 다음과 같은 활동을 수행하도록 한다.
– 6명이 한조가 되어 무기술 숙련 훈련을 실시한다.
– 한명이 조장이 되어 구령을 붙여주고, 다른 5명을 조장의 지시에 맞추어 실시한다.
– 오른손의 연습이 끝나면 왼손으로 연습을 실시한다.
• 다음과 같은 활동을 수행하도록 한다.
– 한조(6명)가 끝나면 다른 조와 바꾸어 실시하도록 한다.
■ 학습 방법
• 봉의 활용 시 안전에 대하여 이해하도록 시범을 통해 익히도록 한다.
• 조를 구성하여 다음과 같은 활동을 수행한다.
– 6인 1조로 구성하되 두 줄로 나란히 서서 익히도록 한다.
• 다음과 같은 활동을 수행한다.
– 다른 학습자들이 수련하고 있는 기술 적용이 적절한지 평가한다.
– 자신이 연습한 봉 돌리기 기술이 적절한지 다른 학습자들의 의견을 들어 보고 수정한다.</td></tr>
<tr><td>재료 · 자료</td><td>도복착용</td><td>장비 및 도구</td><td>안전을 위해 알루미늄 쌍절곤을 활용한다.</td></tr>
</table>

<table>
<tr><td rowspan="2">학습단계</td><td colspan="2">교수 – 학습활동</td><td rowspan="2">시간
(분)</td></tr>
<tr><td>교수활동</td><td>학습활동</td></tr>
<tr><td>준비 단계</td><td>• 수업 전개 5분전에 강의실에 입장
• 수업 내용 검토
• 자료 점검
• 출석 확인
〈경호무도 의 무기술 개념에 대한 일반적 내용 Review〉
• 무기술의 기술 중 실전에서 활용 가능한 봉술 활용에 대하여 정리한다.</td><td>• 수업 준비 태도
• 수업에 필요한 도구 준비
(미트, 도복착용 등)
• 출석 확인에 대해 대답한다.

〈무기술 개념에 대한 일반적 내용 Review〉
– 무기술의 기술 중봉술이 활용가능한지이유를 각자 발표해본다.</td><td>10</td></tr>
<tr><td></td><td>〈학습목표제시〉
• 학습목표를 제시하여 동기를 유발한다.
• 이번 주 학습 주제인 '봉 돌리기' 방법에 대하여 설명한다.</td><td>• 수업에 적극적으로 참여하기 위해 노력한다.
• 학습목표를 확인한다.
• 학습목표를 다함께 읽는다.</td><td></td></tr>
</table>

<table>
<tr><td rowspan="1">도입 단계</td><td>〈수행준거 제시〉
1. 상대방이 공격해 올 경우 상황에 따라 봉을 활용한 호신기법이 다르게 적용됨을 이해시킨다.
〈지식 제시〉
[지식]
ㅇ 봉술의 원리 이해
ㅇ 봉술 사용법의 이해
ㅇ 봉술의 베기 원리 이해
〈기술 제시〉
[기술]
ㅇ 봉술 기술
ㅇ 봉술 활용하기 기술
ㅇ 전환하며 봉술 활용하기 기술
〈태도 제시〉
[태도]
ㅇ 상대방과의 예의중시 태도
ㅇ 시범시 경청 및 안전
ㅇ 적극적으로 임하는 태도
• 수업시간 배분에 대해 설명한다.</td><td>• 수행준거를 확인한다.
• 수행준거를 다함께 읽는다.

• 지식, 기술, 태도를 확인한다.
• 지식, 기술, 태도를 다함께 읽는다</td><td>10</td></tr>
<tr><td>전개 단계
(1)</td><td>① 무기활용 방법에 대하여 설명한다.
② 무기술 적용 시 봉술의 안전 활용법의 중요성에 대하여 설명한다.
③ 봉술 활용법의 중요성에 대하여 설명한다.</td><td>〈수행내용 : 수행순서〉
① 학습 주제에 대하여 확인하고, 학습 내용(봉술)에 대해 숙달여부를 확인한다.

② 6인1조 연습한 내용을 다른 조와 바꾸어 연습하도록 한다.</td><td>10</td></tr>
<tr><td>전개 단계
(2)</td><td>① 학습내용을 바탕으로 봉술을 습득할 수 있도록 연습한다.
② 학습내용을 바탕으로 봉술 전환수의 적용 방법을 이해하고 실전에서 활용 가능하도록 연습한다.</td><td>〈수행내용: 수행순서〉
① 학습내용과 설명을 바탕으로 먼저 시범을 보인다.

② 학습내용의 이해를 위하여 그 내용을 언제 활용할 수 있는지 답하도록 한다.</td><td>10</td></tr>
</table>

정리단계	• 학습내용에 대해 종합적으로 간략히 정리하고, 질의응답 시간을 갖는다. • 다음 주 학습 주제(봉술의 개념)에 대한 간단한 개념과 학습 목표를 소개하고 예습을 유도한다. • 학습 과제물을 제출하도록 하고 수업을 종료한다.(금일 수업내용 연습하기)	• 교수의 정리내용을 숙지한다. – 교수자의 지시에 대해 귀를 기울인다. • 학습내용을 정리하고 복습한다.	3
평가	• 평가자 체크리스트 평가		5
과제 부과 및 차시 예고	• 다음 차시 : 봉술 및 직무능력평가 1 실시		2
참고 Site 및 문헌	호신술과 경호무술(이기세공저), 2005. 경찰체포호신술(이기세, 송규근, 2011)		

(8) 주차 교수학습계획서

교과목명	경호무도	담당교수	홍길동	학습시간	3시간 (150분)	주차	8/15
능력단위 (코드번호)	무기활용법 익히기 (KCS-0601010603_21v1)	능력단위요소 (코드번호)	검술 활용법 실기 (KCS-0601010603_21v1-4)				
학습목표	무기활용법을 훈련한다.(검술) 중간고사실시						
수행준거	다양한 무기술을 체험한다.						
지식(K)	o 무기술 기초 이용법 이해 o 무기술 적용 이해 o 무기술을 활용한 방어법의 적용 이해						

기술(S)	ㅇ 검술 활용기초기술(1-1) ㅇ 검술 활용법 기술(1-2) ㅇ 무기를 활용하여 방어하는 방법의 원리(1-3)
태도(A)	ㅇ 경청의 자세 ㅇ 안전의 자세 ㅇ 응용의 자세 ㅇ 상대방의 반응에 따른 적용의 변화
교수 학습 방법	■ 교수 방법 • 무기술을 숙달하기 위하여 각종 무기의 종류와 방법을 설명한다. • 조를 구성하여 다음과 같은 활동을 수행하도록 한다. – 1명이 한조가 되어 무기술 숙련 훈련을 실시한다. – 오른손의 연습이 끝나면 왼손으로 연습을 실시한다. • 다음과 같은 활동을 수행하도록 한다. – 한조(1명)가 끝나면 다른 학생과 바꾸어 실시하도록 한다. ■ 학습 방법 • 무기의 활용 시 안전에 대하여 이해하도록 시범을 통해 익히도록 한다. • 조를 구성하여 다음과 같은 활동을 수행한다. – 1인 1조로 구성하되 한 줄로 나란히 서서 익히도록 한다. • 다음과 같은 활동을 수행한다. – 다른 학습자들이 수련하고 있는 기술 적용이 적절한지 평가한다. – 자신이 연습한 검술이 적절한지 다른 학습자들의 의견을 들어 보고 수정한다.

재료 · 자료	도복착용	장비 및 도구	안전을 위해 길이가 짧은 봉을 활용한다.

학습단계	교수 학습활동		시간(분)
	교수활동	학습활동	
준비 단계	• 수업 전개 5분전에 강의실에 입장 • 수업 내용 검토 • 자료 점검 • 출석 확인	• 수업 준비 태도 • 수업에 필요한 도구 준비 (중봉, 도복착용 등) • 출석 확인에 대해 대답한다.	10
	〈경호무도의 검술 개념에 대한 일반적 내용 Review〉 • 검술의 기술 중 실전에서 활용 가능한 봉술 활용에 대하여 정리한다.	〈검술 개념에 대한 일반적 내용 Review〉 – 검술의 기술이 활용가능한지이유를 각자 발표해본다.	

<table>
<tr><td rowspan="2">도입 단계</td><td>〈학습목표제시〉
• 학습목표를 제시하여 동기를 유발한다.
• 이번 주 학습 주제인 '주먹 막기 방법에 대하여 설명한다.
〈수행준거 제시〉
1. 검으로 공격해 올 경우 상황에 따라 호신기법이 다르게 적용됨을 이해시킨다.
〈지식 제시〉
[지식]
ㅇ 검술의 원리 이해
ㅇ 검술먹 사용법의 이해
ㅇ 검술의 베기 원리 이해
〈기술 제시〉
[기술]
ㅇ 검술 기술
ㅇ 검술 활용하기 기술
ㅇ 전환하며 검술 활용하기 기술</td><td>• 수업에 적극적으로 참여하기 위해 노력한다.
• 학습목표를 확인한다.
• 학습목표를 다함께 읽는다.

• 수행준거를 확인한다.
• 수행준거를 다함께 읽는다.

• 지식, 기술, 태도를 확인한다.
• 지식, 기술, 태도를 다함께 읽는다.</td><td rowspan="2">10</td></tr>
<tr><td>〈태도 제시〉
[태도]
ㅇ 상대방과의 예의중시 태도
ㅇ 시범 시 경청 및 안전
ㅇ 적극적으로 임하는 태도
• 수업시간 배분에 대해 설명한다.</td><td></td></tr>
<tr><td>전개 단계
(1)</td><td>① 검술활용 방법에 대하여 설명한다.
② 검술 적용 시 봉술의 안전 활용법의 중요성에 대하여 설명한다.
③ 검술 활용법의 중요성에 대하여 설명한다.</td><td>〈수행내용 : 수행순서〉
① 학습 주제에 대하여 확인하고, 학습 내용(봉술)에 대해 숙달여부를 확인한다.
② 6인1조 연습한 내용을 다른 조와 바꾸어 연습하도록 한다.</td><td>10</td></tr>
</table>

전개 단계 (2)	① 학습내용을 바탕으로 봉술을 습득할 수 있도록 연습한다. ② 학습내용을 바탕으로 봉술 전환수의 적용 방법을 이해하고 실전에서 활용 가능하도록 연습한다.	〈수행내용: 수행순서〉 ① 학습내용과 설명을 바탕으로 먼저 시범을 보인다. ② 학습내용의 이해를 위하여 그 내용을 언제 활용할 수 있는지 답하도록 한다.	10
정리단계	• 학습내용에 대해 종합적으로 간략히 정리하고, 질의응답 시간을 갖는다. • 다음 주 학습 주제(봉술의 개념)에 대한 간단한 개념과 학습 목표를 소개하고 예습을 유도한다. • 학습 과제물을 제출하도록 하고 수업을 종료한다.(금일 수업내용 연습하기)	• 교수의 정리내용을 숙지한다. – 교수자의 지시에 대해 귀를 기울인다. • 학습내용을 정리하고 복습한다.	3
평가	• 평가자 체크리스트 평가		5
과제 부과 및 차시 예고	• 다음 차시 : 낙법		2
참고 Site 및 문헌	호신술과 경호무술(이기세공저), 2005. 경찰체포호신술(이기세, 송규근, 2011)		

(9) 주차 교수학습계획서

교과목명	경호무도	담당교수	홍길동	학습시간	3시간 (150분)	주차	9/15
능력단위 (코드번호)	낙법 익히기 (KCS–0601010603_21v1–1)	능력단위요소 (코드번호)	기초낙법 실기 (KCS–0601010603_21v1–1)				

학습목표	무도실기1 활용 가능한 낙법기술을 훈련한다.		
수행준거	기초낙법부터 중급, 고급 낙법에 대한 다른 기술을 적용할 수 있다.		
지식(K)	○ 기초낙법의 이해 ○ 중급낙법의 이해 ○ 점프 낙법의 적용 이해		
기술(S)	○ 전방, 후방 측방 기본 낙법 기술(1-1) ○ 전방회전, 체조기능 기술(1-2) ○ 월장, 공중회전, 공중돌기 기술의 원리 및 실기 훈련(1-3)		
태도(A)	○ 경청의 자세 ○ 안전의 자세 ○ 응용의 자세 ○ 상대방의 반응에 따른 적용의 변화		
교수 학습 방법	■ 교수 방법 • 낙법을 숙달하기 위하여 기초낙법 기술의 종류와 방법을 설명한다. • 조를 구성하여 다음과 같은 활동을 수행하도록 한다. – 8명이 한조가 되어 상호 충돌이 발생하지 않도록 훈련을 실시한다. – 기초낙법 시 착지자세가 정확한지 파트너가 체크해 준다. • 다음과 같은 활동을 수행하도록 한다. – 조원들의 연습이 끝나면 동시에 다른 조원들이 연습하도록 한다. ■ 학습 방법 • 안전의 원칙과 상해 예방적 차원의 낙법 기술에 대하여 이해하도록 시범을 통해 익히도록 한다. • 조를 구성하여 다음과 같은 활동을 수행한다. – 8인 1조로 구성하되 두 줄로 나란히 서서 익히도록 한다. • 다음과 같은 활동을 수행한다. – 다른 학습자들이 수련하고 있는 기술 적용이 적절한지 평가한다. – 자신이 연습한 낙법 기술이 적절한지 다른 학습자들의 의견을 들어 보고 수정한다.		
재료 · 자료	도복착용	장비 및 도구	안전을 위해 매트위에서 실시

학습단계	교수 – 학습활동		시간 (분)
	교수활동	학습활동	
준비 단계	• 수업 전개 10분전에 강의실에 입장 • 수업 내용 검토 –금일 향상평가 대상자 확인 후 향상평가 실시 • 자료 점검 • 출석 확인 〈낙법술 개념에 대한 일반적 내용 Review〉 • 낙법의 기술 중 실전에서 활용 가능한 기초 낙법에 대하여 정리한다.	• 수업 준비 태도 • 수업에 필요한 도구 준비 (매트, 도복착용 등) • 출석 확인에 대해 대답한다. 〈낙법 개념에 대한 일반적 내용 Review〉발 – 낙법 기술 중 기초낙법 기술이 활용가능한지 이유를 각자 발표해본다.	10
	〈학습목표제시〉 • 학습목표를 제시하여 동기를 유발한다. • 이번 주 학습 주제인 '기초낙법' 방법에 대하여 설명한다.	• 수업에 적극적으로 참여하기 위해 노력한다. • 학습목표를 확인한다. • 학습목표를 다함께 읽는다.	
도입 단계	〈수행준거 제시〉 1. 상대방이 공격해 올 경우 상황에 따라 낙법이 다르게 적용됨을 이해시킨다. 〈지식 제시〉 [지식] ㅇ 낙법의 원리 이해 ㅇ 기초낙법 익히기의 이해 ㅇ 점프낙법 원리 이해 ㅇ 자유낙법 익히기 이해 〈기술 제시〉 [기술] ㅇ 기초 낙법 기술 ㅇ 중급 낙법 기술 ㅇ 점프 낙법 기술	• 수행준거를 확인한다. • 수행준거를 다함께 읽는다. • 지식, 기술, 태도를 확인한다. • 지식, 기술, 태도를 다함께 읽는다.	10

	〈태도 제시〉 [태도] ㅇ 상대방과의 안전 훈련 태도 ㅇ 시범 시 경청 및 안전 ㅇ 적극적으로 임하는 태도 • 수업시간 배분에 대해 설명한다.		
전개 단계 (1)	① 낙법의 기초 착지 방법에 대하여 설명한다. ② 낙법 적용 시 기초낙법의 중요성에 대하여 설명한다. ③ 낙법 후 착지자세의 중요성에 대하여 설명한다.	〈수행내용 : 수행순서〉 ① 학습 주제에 대하여 확인하고, 학습 내용(기초낙법기술)에 대해 숙달여부를 확인한다. ② 8인1조 연습한 내용을 다른 조가 할 수 있도록 바꾸어 연습하도록 한다.	10
전개 단계 (2)	① 학습내용을 바탕으로 낙법 기술을 습득할 수 있도록 연습한다. ② 학습내용을 바탕으로 기초낙법 적용 방법을 이해하고 실전에서 활용 가능하도록 연습한다.	〈수행내용: 수행순서〉 ① 학습내용과 설명을 바탕으로 먼저 시범을 보인다. ② 학습내용의 이해를 위하여 그 내용을 언제 활용할 수 있는지 답하도록 한다.	10
정리단계	• 학습내용에 대해 종합적으로 간략히 정리하고, 질의응답 시간을 갖는다. • 다음 주 학습 주제(기초낙법 기술의 개념)에 대한 간단한 개념과 학습 목표를 소개하고 예습을 유도한다.	• 교수의 정리내용을 숙지한다. – 교수자의 지시에 대해 귀를 기울인다. • 학습내용을 정리하고 복습한다.	3
평가	• 평가자 체크리스트 평가		5
과제 부과 및 차시 예고	• 다음 차시 : 중급낙법 실습		2
참고 Site 및 문헌	호신술과 경호무술(이기세공저),2005. 경찰체포호신술(이기세, 송규근, 2011)		

(10) 주차 교수학습계획서

<table>
<tr><td>교과목명</td><td>경호무도</td><td>담당교수</td><td>홍길동</td><td>학습시간</td><td>3시간
(150분)</td><td>주차</td><td>10/15</td></tr>
<tr><td>능력단위
(코드번호)</td><td>낙법 익히기
(KCS-0601010603_21v1-1)</td><td>능력단위요소
(코드번호)</td><td colspan="5">중급낙법 실기
(KCS-0601010603_21v1-2)</td></tr>
<tr><td>학습목표</td><td colspan="7">경호무도 시 활용 가능한 낙법기술을 훈련한다.</td></tr>
<tr><td>수행준거</td><td colspan="7">기초낙법부터 중급, 고급 낙법에 대한 다른 기술을 적용할 수 있다.</td></tr>
<tr><td>지식(K)</td><td colspan="7">ㅇ 기초낙법의 이해
ㅇ 중급낙법의 이해
ㅇ 점프 낙법의 적용 이해</td></tr>
<tr><td>기술(S)</td><td colspan="7">ㅇ 전방, 후방 측방 기본 낙법 기술(1-1)
ㅇ 전방회전, 체조기능 기술(1-2)
ㅇ 월장, 공중회전, 공중돌기 기술의 원리 및 실기 훈련(1-3)</td></tr>
<tr><td>태도(A)</td><td colspan="7">ㅇ 경청의 자세
ㅇ 안전의 자세
ㅇ 응용의 자세
ㅇ 상대방의 반응에 따른 적용의 변화</td></tr>
<tr><td>교수
학습
방법</td><td colspan="7">■ 교수 방법
• 낙법을 숙달하기 위하여 중급낙법 기술의 종류와 방법을 설명한다.
• 조를 구성하여 다음과 같은 활동을 수행하도록 한다.
– 8명이 한조가 되어 상호 충돌이 발생하지 않도록 훈련을 실시한다.
– 중급 낙법 시 착지자세가 정확한지 파트너가 체크해 준다.
• 다음과 같은 활동을 수행하도록 한다.
– 조원들의 연습이 끝나면 동시에 다른 조원들이 연습하도록 한다.
■ 학습 방법
• 안전의 원칙과 상해 예방적 차원의 낙법 기술에 대하여 이해하도록 시범을 통해 익히도록 한다.
• 조를 구성하여 다음과 같은 활동을 수행한다.
– 8인 1조로 구성하되 두 줄로 나란히 서서 익히도록 한다.
• 다음과 같은 활동을 수행한다.
– 다른 학습자들이 수련하고 있는 기술 적용이 적절한지 평가한다.
– 자신이 연습한 낙법 기술이 적절한지 다른 학습자들의 의견을 들어 보고 수정한다.</td></tr>
</table>

<table>
<tr><td>재료 · 자료</td><td>도복착용</td><td>장비 및 도구</td><td colspan="2">안전을 위해 매트위에서 실시</td></tr>
<tr><td rowspan="2">학습단계</td><td colspan="2">교수 – 학습활동</td><td rowspan="2">시간
(분)</td></tr>
<tr><td>교수활동</td><td>학습활동</td></tr>
<tr><td>준비 단계</td><td>• 수업 전개 10분전에 강의실에 입장
• 수업 내용 검토
–금일 향상평가 대상자 확인 후 향상평가 실시
• 자료 점검
• 출석 확인
〈중급 낙법술 개념에 대한 일반적 내용 Review〉
• 낙법의 기술 중 실전에서 활용 가능한 중급 낙법에 대하여 정리한다.</td><td>• 수업 준비 태도
• 수업에 필요한 도구 준비
(매트, 도복착용 등)
• 출석 확인에 대해 대답한다.

〈중급 낙법술 개념에 대한 일반적 내용 Review〉
– 낙법 기술 중중급낙법 기술이 활용가능한지 이유를 각자 발표해본다.</td><td>10</td></tr>
<tr><td>도입 단계</td><td>〈학습목표제시〉
• 학습목표를 제시하여 동기를 유발한다.
• 이번 주 학습 주제인 ‘중급낙법’ 방법에 대하여 설명한다.
〈수행준거 제시〉
1. 상대방이 공격해 올 경우 상황에 따라 낙법이 다르게 적용됨을 이해시킨다.
〈지식 제시〉
[지식]
ㅇ 낙법의 원리 이해
ㅇ 중급 낙법 익히기의 이해
ㅇ 점프 낙법 원리 이해
ㅇ 자유 낙법 익히기 이해
〈기술 제시〉
[기술]
ㅇ 기초 낙법 기술
ㅇ 중급 낙법 기술
ㅇ 점프 낙법 기술</td><td>• 수업에 적극적으로 참여하기 위해 노력한다.
• 학습목표를 확인한다.
• 학습목표를 다함께 읽는다.</td><td>10</td></tr>
</table>

	〈태도 제시〉 [태도] ㅇ 상대방과의 안전 훈련 태도 ㅇ 시범 시 경청 및 안전 ㅇ 적극적으로 임하는 태도 • 수업시간 배분에 대해 설명한다.	• 수행준거를 확인한다. • 수행준거를 다함께 읽는다. • 지식, 기술, 태도를 확인한다. • 지식, 기술, 태도를 다함께 읽는다.	
전개 단계 (1)	① 낙법의 기초 착지 방법에 대하여 설명한다. ② 낙법 적용시 중급낙법의 중요성에 대하여 설명한다. ③ 낙법 후 착지자세의 중요성에 대하여 설명한다.	〈수행내용 : 수행순서〉 ① 학습 주제에 대하여 확인하고, 학습 내용(중급낙법기술)에 대해 숙달여부를 확인한다. ② 8인1조 연습한 내용을 다른 조가 할 수 있도록 바꾸어 연습하도록 한다.	10
전개 단계 (2)	① 학습내용을 바탕으로 낙법 기술을 습득할 수 있도록 연습한다. ② 학습내용을 바탕으로 중급 낙법 적용 방법을 이해하고 실전에서 활용 가능하도록 연습한다.	〈수행내용: 수행순서〉 ① 학습내용과 설명을 바탕으로 먼저 시범을 보인다. ② 학습내용의 이해를 위하여 그 내용을 언제 활용할 수 있는지 답하도록 한다.	10
정리단계	• 학습내용에 대해 종합적으로 간략히 정리하고, 질의응답 시간을 갖는다. • 다음 주 학습 주제(중급낙법 기술의 개념)에 대한 간단한 개념과 학습 목표를 소개하고 예습을 유도한다.	• 교수의 정리내용을 숙지한다. – 교수자의 지시에 대해 귀를 기울인다. • 학습내용을 정리하고 복습한다.	3
평가	• 평가자 체크리스트 평가		5
과제 부과 및 차시 예고	• 다음 차시 : 점프낙법 실습		2
참고 Site 및 문헌	호신술과 경호무술(이기세공저), 2005. 경찰체포호신술(이기세, 송규근, 2011)		

(11) 주차 교수학습계획서

<table>
<tr><td>교과목명</td><td>경호무도</td><td>담당교수</td><td>홍길동</td><td>학습시간</td><td>3시간
(150분)</td><td>주차</td><td>11/15</td></tr>
<tr><td>능력단위
(코드번호)</td><td>낙법 익히기
(KCS-0601010603_21v1-3)</td><td>능력단위요소
(코드번호)</td><td colspan="5">점프낙법 실기
(KCS-0601010603_21v1-3)</td></tr>
<tr><td>학습목표</td><td colspan="7">경호무도 시 활용 가능한 낙법기술을 훈련한다.</td></tr>
<tr><td>수행준거</td><td colspan="7">기초낙법부터 중급, 고급 낙법에 대한 다른 기술을 적용할 수 있다.</td></tr>
<tr><td>지식(K)</td><td colspan="7">ㅇ 기초낙법의 이해
ㅇ 중급낙법의 이해
ㅇ 점프 낙법의 적용 이해</td></tr>
<tr><td>기술(S)</td><td colspan="7">ㅇ 전방, 후방 측방 기본 낙법 기술(1-1)
ㅇ 전방회전, 체조기능 기술(1-2)
ㅇ 월장, 공중회전, 공중돌기 기술의 원리 및 실기 훈련(1-3)</td></tr>
<tr><td>태도(A)</td><td colspan="7">ㅇ 경청의 자세
ㅇ 안전의 자세
ㅇ 응용의 자세
ㅇ 상대방의 반응에 따른 적용의 변화</td></tr>
<tr><td>교수
학습
방법</td><td colspan="7">■ 교수 방법
• 낙법을 숙달하기 위하여 점프낙법 기술의 종류와 방법을 설명한다.
• 조를 구성하여 다음과 같은 활동을 수행하도록 한다.
– 8명이 한조가 되어 상호 충돌이 발생하지 않도록 훈련을 실시한다.
– 점프 낙법 시 착지자세가 정확한지 파트너가 체크해 준다.
• 다음과 같은 활동을 수행하도록 한다.
– 조원들의 연습이 끝나면 동시에 다른 조원들이 연습하도록 한다.
■ 학습 방법
• 안전의 원칙과 상해 예방적 차원의 낙법기술에 대하여 이해하도록 시범을 통해 익히도록 한다.
• 조를 구성하여 다음과 같은 활동을 수행한다.
– 8인 1조로 구성하되 두 줄로 나란히 서서 익히도록 한다.
• 다음과 같은 활동을 수행한다.
– 다른 학습자들이 수련하고 있는 기술 적용이 적절한지 평가한다.
– 자신이 연습한 점프 낙법기술이 적절한지 다른 학습자들의 의견을 들어 보고 수정한다.</td></tr>
</table>

<table>
<tr><td>재료 · 자료</td><td>도복착용</td><td>장비 및 도구</td><td colspan="2">안전을 위해 매트위에서 실시</td></tr>
<tr><td rowspan="2">학습단계</td><td colspan="3">교수 – 학습활동</td><td rowspan="2">시간
(분)</td></tr>
<tr><td>교수활동</td><td colspan="2">학습활동</td></tr>
<tr><td>준비 단계</td><td>• 수업 전개 10분전에 강의실에 입장
• 수업 내용 검토
• 자료 점검
• 출석 확인</td><td colspan="2">• 수업 준비 태도
• 수업에 필요한 도구 준비
(매트, 도복착용 등)
• 출석 확인에 대해 대답한다.</td><td>10</td></tr>
<tr><td>도입 단계</td><td>〈점프낙법술 개념에 대한 일반적 내용 Review〉
• 낙법의 기술 중 실전에서 활용 가능한 점프 낙법에 대하여 정리한다.
〈학습목표제시〉
• 학습목표를 제시하여 동기를 유발한다.
• 이번 주 학습 주제인 ‘낙법에 대하여 설명한다.
〈수행준거 제시〉
1. 상대방이 공격해 올 경우 상황에 따라 낙법이 다르게 적용됨을 이해시킨다.
〈지식 제시〉
[지식]
ㅇ 낙법의 원리 이해
ㅇ 기초낙법 익히기의 이해
ㅇ 점프낙법 원리 이해
ㅇ 자유낙법 익히기 이해
〈기술 제시〉
[기술]
ㅇ 기초 낙법 기술
ㅇ 중급 낙법 기술
ㅇ 점프 낙법 기술</td><td colspan="2">〈점프낙법 개념에 대한 일반적 내용 Review〉발
– 낙법 기술 중점프낙법 기술이 활용가능한지 이유를 각자 발표해본다.

• 수업에 적극적으로 참여하기 위해 노력한다.
• 학습목표를 확인한다.
• 학습목표를 다함께 읽는다.

• 수행준거를 확인한다.
• 수행준거를 다함께 읽는다.

• 지식, 기술, 태도를 확인한다.
• 지식, 기술, 태도를 다함께 읽는다.</td><td>10</td></tr>
</table>

	〈태도 제시〉 [태도] o 상대방과의 안전 훈련 태도 o 시범 시 경청 및 안전 o 적극적으로 임하는 태도 • 수업시간 배분에 대해 설명한다.		
전개 단계 (1)	① 낙법의 응용 방법에 대하여 설명한다. ② 낙법 적용 시 점프낙법의 중요성에 대하여 설명한다. ③ 낙법 후 착지자세의 중요성에 대하여 설명한다.	〈수행내용 : 수행순서〉 ① 학습 주제에 대하여 확인하고, 학습 내용(낙법 기술)에 대해 숙달여부를 확인한다. ② 8인1조 연습한 내용을 다른 조가 할 수 있도록 바꾸어 연습하도록 한다.	10
전개 단계 (2)	① 학습내용을 바탕으로 낙법 기술을 습득할 수 있도록 연습한다. ② 학습내용을 바탕으로 점프낙법 적용 방법을 이해하고 실전에서 활용 가능하도록 연습한다.	〈수행내용: 수행순서〉 ① 학습내용과 설명을 바탕으로 먼저 시범을 보인다. ② 학습내용의 이해를 위하여 그 내용을 언제 활용할 수 있는지 답하도록 한다.	10
정리단계	• 학습내용에 대해 종합적으로 간략히 정리하고, 질의응답 시간을 갖는다. • 다음 주 학습 주제(점프낙법 기술의 개념)에 대한 간단한 개념과 학습 목표를 소개하고 예습을 유도한다.	• 교수의 정리내용을 숙지한다. – 교수자의 지시에 대해 귀를 기울인다. • 학습내용을 정리하고 복습한다.	3
평가	• 평가자 체크리스트 평가		5
과제 부과 및 차시 예고	• 다음 차시 : 방족술(발차기 방어법)		2
참고 Site 및 문헌	호신술과 경호무술(이기세공저),2005. 경찰체포호신술(이기세, 송규근, 2011)		

(12) 주차 교수학습계획서

<table>
<tr><td>교과목명</td><td>경호무도</td><td>담당교수</td><td>홍길동</td><td>학습시간</td><td>3시간
(150분)</td><td>주차</td><td>12/15</td></tr>
<tr><td>능력단위
(코드번호)</td><td>방족술 익히기
(KCS-
0601010603_21v1-3)</td><td>능력단위요소
(코드번호)</td><td colspan="5">발차기 공격시 방어법 실기
(KCS-0601010603_21v1-1)</td></tr>
<tr><td>학습목표</td><td colspan="7">경호무도 중급 술기인 발차기로 공격 시 방어법을 훈련한다.</td></tr>
<tr><td>수행준거</td><td colspan="7">발차기로 공격해올 경우 다양한 공격 방법에 대한 다른 기술을 적용할 수 있다.</td></tr>
<tr><td>지식(K)</td><td colspan="7">○ 발막기 기초 이용법 이해
○ 발막기 및 공격 저지법 적용 이해
○ 전환법을 활용한 방어법의 적용 이해</td></tr>
<tr><td>기술(S)</td><td colspan="7">○ 발로 공격해올 경우 막기 기술(1-1)
○ 발로 공격해 올 경우 제압법 기술(1-2)
○ 발로 공격해 올 경우 전환법을 활용하여 제압하는 기술의 원리(1-3)</td></tr>
<tr><td>태도(A)</td><td colspan="7">○ 경청의 자세
○ 안전의 자세
○ 응용의 자세
○ 상대방의 반응에 따른 적용의 변화</td></tr>
<tr><td>교수
학습
방법</td><td colspan="7">■ 교수 방법
• 경호무도를 숙달하기 위하여 중급반의 발막기 기술의 종류와 방법을 설명한다.
• 조를 구성하여 다음과 같은 활동을 수행하도록 한다.
– 2명이 한조가 되어 상호 발로 공격 시 방어 방법을 상호 바꾸면서 훈련을 실시한다.
– 한명이 발로 공격하고, 다른 한명이 발을 막고 제압할 수 있도록 한다.
– 오른발의 연습이 끝나면 왼발로 연습을 실시한다.
• 다음과 같은 활동을 수행하도록 한다.
– 파트너와의 연습이 끝나면 옆 사람과 파트너를 바꾸어 실시하도록 한다.
■ 학습 방법
• 힘의 원리와 원심력과 구심력의 반응에 대하여 이해하도록 시범을 통해 익히도록 한다.
• 조를 구성하여 다음과 같은 활동을 수행한다.
– 2인 1조로 구성하되 두 줄로 나란히 서서 익히도록 한다.
• 다음과 같은 활동을 수행한다.
– 다른 학습자들이 수련하고 있는 기술 적용이 적절한지 평가한다.
– 자신이 연습한 발막기 기술이 적절한지 다른 학습자들의 의견을 들어 보고 수정한다.</td></tr>
<tr><td>재료 · 자료</td><td>도복착용</td><td colspan="2">장비 및 도구</td><td colspan="4">안전을 위해 매트위에서 실시</td></tr>
</table>

학습단계	교수 – 학습활동		시간(분)
	교수활동	학습활동	
준비 단계	• 수업 전개 10분전에 강의실 에 입장	• 수업 준비 태도 • 수업에 필요한 도구 준비 (미트, 도복착용 등) • 출석 확인에 대해 대답한다.	10
	• 수업 내용 검토 • 자료 점검 • 출석 확인 〈경호무도 중 발 막기 개념에 대한 일반적 내용 Review〉 • 경호무도의 기술 중 실전에서 활용 가능한 발 막기에 대하여 정리한다.	〈경호무도 중 발 막기 개념에 대한 일반적 내용 Review〉발 – 경호무도의 기술 중 발 막기 기술이 활용가능한지 이유를 각자 발표해 본다.	
도입 단계	학습목표제시〉 • 학습목표를 제시하여 동기를 유발한다. • 이번 주 학습 주제인 '발 막기 방법에 대하여 설명한다. 〈수행준거 제시〉 1. 발로 공격해 올 경우 상황에 따라 호신기법이 다르게 적용됨을 이해시킨다. 〈지식 제시〉 [지식] ㅇ 발막기의 원리 이해 ㅇ 발막기 방어법의 이해 ㅇ 발막고 제압하기 원리 이해 ㅇ 발막기 수갑채우는 방법 익히기 이해 〈기술 제시〉 [기술] ㅇ 발막기 기술 ㅇ 발막고 제압하기 기술 ㅇ 전환하며 발막기 기술	• 수업에 적극적으로 참여하기 위해 노력한다. • 학습목표를 확인한다. • 학습목표를 다함께 읽는다. • 수행준거를 확인한다. • 수행준거를 다함께 읽는다. • 지식, 기술, 태도를 확인한다. • 지식, 기술, 태도를 다함께 읽는다.	10

	〈태도 제시〉 [태도] ○ 상대방과의 예의중시 태도 ○ 시범 시 경청 및 안전 ○ 적극적으로 임하는 태도 • 수업시간 배분에 대해 설명한다.		
전개 단계 (1)	① 경호무도의 발 막기 활용 방법에 대하여 설명한다. ② 경호무도의 적용 시 발 막기 전환법의 중요성에 대하여 설명한다. ③ 발 막기 후 제압법의 중요성에 대하여 설명한다.	〈수행내용 : 수행순서〉 ① 학습 주제에 대하여 확인하고, 학습 내용(발 막기 기술)에 대해 숙달여부를 확인한다. ② 2인1조 연습한 내용을 파트너를 바꾸어 연습하도록 한다.	10
전개 단계 (2)	① 학습내용을 바탕으로 발 막기 기술을 습득할 수 있도록 연습한다. ② 학습내용을 바탕으로 발 막기 전환수의 적용 방법을 이해하고 실전에서 활용 가능하도록 연습한다.	〈수행내용: 수행순서〉 ① 학습내용과 설명을 바탕으로 먼저 시범을 보인다. ② 학습내용의 이해를 위하여 그 내용을 언제 활용할 수 있는지 답하도록 한다.	10
정리단계	• 학습내용에 대해 종합적으로 간략히 정리하고, 질의응답 시간을 갖는다. • 다음 주 학습 주제(발 막기 기술의 개념)에 대한 간단한 개념과 학습 목표를 소개하고 예습을 유도한다.	• 교수의 정리내용을 숙지한다. – 교수자의 지시에 대해 귀를 기울인다. • 학습내용을 정리하고 복습한다.	3
평가	• 평가자 체크리스트 평가		5
과제 부과 및 차시 예고	• 다음 차시 : 방검술 실습(1–3번기술)		2
참고 Site 및 문헌	호신술과 경호무술(이기세공저), 2005. 경찰체포호신술(이기세, 송규근, 2011)		

(13) 주차 교수학습계획서

교과목명	경호무도	담당교수	홍길동	학습시간	3시간 (150분)	주차	13/15
능력단위 (코드번호)	방검술 익히기 (KCS-0601010603_21v1-1)	능력단위요소 (코드번호)	무기로 공격 시 방어법 실기 (KCS-0601010603_21v1-2)				
학습목표	경호무도 중급 술기인 무기로 공격 시 방어법을 훈련한다.						
수행준거	무기로 공격해올 경우 다양한 공격 방법에 대한 다른 기술을 적용할 수 있다.						
지식(K)	○ 무기 막기 기초 이용법 이해 ○ 단검 막기 및 공격 저지법 적용 이해 ○ 장봉 막기법을 활용한 방어법의 적용 이해						
기술(S)	○ 칼로 공격해올 경우 막기 기술(1-1) ○ 긴 봉으로 공격해 올 경우 제압법 기술(1-2) ○ 다양한 무기로 공격해 올 경우 전환법을 활용하여 제압하는 기술의 원리(1-3)						
태도(A)	○ 경청의 자세 ○ 안전의 자세 ○ 응용의 자세 ○ 상대방의 반응에 따른 적용의 변화						
교수 학습 방법	■ 교수 방법 • 경호무도를 숙달하기 위하여 고급반의 무기 막기 기술의 종류와방법을 설명한다. • 조를 구성하여 다음과 같은 활동을 수행하도록 한다. – 2명이 한조가 되어 상호 무기로 공격 시 방어 방법을 상호 바꾸면서 훈련을 실시한다. – 한명이 가검으로 공격하고, 다른 한명이 가검을 막고 제압할 수 있도록 한다. – 오른손의 연습이 끝나면 왼손으로 연습을 실시한다. • 다음과 같은 활동을 수행하도록 한다. – 파트너와의 연습이 끝나면 옆 사람과 파트너를 바꾸어 실시하도록 한다. ■ 학습 방법 • 힘의 원리와 원심력과 구심력의 반응에 대하여 이해하도록 시범을 통해 익히도록 한다. • 조를 구성하여 다음과 같은 활동을 수행한다. – 2인 1조로 구성하되 두 줄로 나란히 서서 익히도록 한다. • 다음과 같은 활동을 수행한다. – 다른 학습자들이 수련하고 있는 기술 적용이 적절한지 평가한다. – 자신이 연습한 검막기 기술이 적절한지 다른 학습자들의 의견을 들어 보고 수정한다.						

<table>
<tr><td>재료 · 자료</td><td colspan="2">도복착용</td><td>장비 및 도구</td><td>가검(가짜로 만든 칼모양)
장봉
쌍절곤
몽둥이</td></tr>
<tr><td rowspan="2">학습단계</td><td colspan="3">교수 – 학습활동</td><td rowspan="2">시간
(분)</td></tr>
<tr><td>교수활동</td><td colspan="2">학습활동</td></tr>
<tr><td>준비 단계</td><td>• 수업 전개 10분전에 강의실에 입장
• 수업 내용 검토
• 자료 점검
• 출석 확인
〈방검술 개념에 대한 일반적 내용 Review〉
• 방 검술 중 실전에서 활용 가능한 고급기술인 검 막기에 대하여 정리한다.</td><td colspan="2">• 수업 준비 태도
• 수업에 필요한 도구 준비
(미트, 도복착용 등)
• 출석 확인에 대해 대답한다.

〈방검술 개념에 대한 일반적 내용 Review〉발
– 방 검술 기술 중검 막기 기술이 활용가능한지 이유를 각자 발표해 본다.</td><td>10</td></tr>
<tr><td>도입 단계</td><td>〈학습목표제시〉
• 학습목표를 제시하여 동기를 유발한다.
• 이번 주 학습 주제인 ‘무기 막기 방법에 대하여 설명한다.
〈수행준거 제시〉
1. 무기로 공격해 올 경우 상황에 따라 호신기법이 다르게 적용됨을 이해시킨다.
〈지식 제시〉
[지식]
ㅇ 무기막기의 원리 이해
ㅇ 가검막기 방어법의 이해
ㅇ 장봉막고 제압하기 원리 이해
〈기술 제시〉
[기술]
ㅇ 단검막기 기술
ㅇ 장봉막고 제압하기 기술</td><td colspan="2">• 수업에 적극적으로 참여하기 위해 노력한다.
• 학습목표를 확인한다.
• 학습목표를 다함께 읽는다.

• 수행준거를 확인한다.
• 수행준거를 다함께 읽는다.

• 지식, 기술, 태도를 확인한다.
• 지식, 기술, 태도를 다함께 읽는다.</td><td>10</td></tr>
</table>

<table>
<tr><td></td><td>〈태도 제시〉
[태도]
ㅇ 상대방과의 예의중시 태도
ㅇ 시범 시 경청 및 안전
ㅇ 적극적으로 임하는 태도
• 수업시간 배분에 대해 설명한다.</td><td></td><td></td></tr>
<tr><td>전개 단계 (1)</td><td>①무기술막기 활용 방법에 대하여 설명한다.
② 경호무도 적용 시 무기술 막기 전환법의 중요성에 대하여 설명한다.
③무기술 막기 후 제압법의 중요성에 대하여 설명한다.</td><td>〈수행내용 : 수행순서〉
① 학습 주제에 대하여 확인하고, 학습 내용(무기술 막기 기술)에 대해 숙달여부를 확인한다.
② 2인1조 연습한 내용을 파트너를 바꾸어 연습하도록 한다.</td><td>10</td></tr>
<tr><td>전개 단계 (2)</td><td>① 학습내용을 바탕으로 무기술 막기 기술을 습득할 수 있도록 연습한다.
② 학습내용을 바탕으로 무기술 막기 전환수의 적용 방법을 이해하고 실전에서 활용 가능하도록 연습한다.</td><td>〈수행내용: 수행순서〉
① 학습내용과 설명을 바탕으로 먼저 시범을 보인다.

② 학습내용의 이해를 위하여 그 내용을 언제 활용할 수 있는지 답하도록 한다.</td><td>10</td></tr>
<tr><td>정리단계</td><td>• 학습내용에 대해 종합적으로 간략히 정리하고, 질의응답 시간을 갖는다.
• 다음 주 학습 주제(방검술 4-6번 기술의 개념)에 대한 간단한 개념과 학습 목표를 소개하고 예습을 유도한다.</td><td>• 교수의 정리내용을 숙지한다.
– 교수자의 지시에 대해 귀를 기울인다.
• 학습내용을 정리하고 복습한다.</td><td>3</td></tr>
<tr><td>평가</td><td colspan="2">• 평가자 체크리스트 평가</td><td>5</td></tr>
<tr><td>과제 부과 및 차시 예고</td><td colspan="2">• 다음 차시 : 방 검술(무기술) 실습(4-6번기술)</td><td>2</td></tr>
<tr><td>참고 Site 및 문헌</td><td colspan="3">호신술과 경호무술(이기세공저),2005.
경찰체포호신술(이기세, 송규근, 2011)</td></tr>
</table>

(14) 주차 교수학습계획서

<table>
<tr><td>교과목명</td><td>경호무도</td><td>담당교수</td><td>홍길동</td><td>학습시간</td><td>3시간
(150분)</td><td>주차</td><td>14/15</td></tr>
<tr><td>능력단위
(코드번호)</td><td>방 검술 익히기
(KCS-0601010603_21v1-1)</td><td>능력단위
요소
(코드번호)</td><td colspan="5">무기로 공격 시 방어법 실기
(KCS-0601010603_21v1-3)</td></tr>
<tr><td>학습목표</td><td colspan="7">경호무도의중급 술기인 무기부터 공격을 받았을 경우 방어법을 훈련한다.</td></tr>
<tr><td>수행준거</td><td colspan="7">무기로 공격해올 경우 다양한 공격 방법에 대한 다른 기술을 적용할 수 있다.</td></tr>
<tr><td>지식(K)</td><td colspan="7">○ 무기 막기 기초 이용법 이해
○ 단검 막기 및 공격 저지법 적용 이해
○ 장봉 막기를 활용한 방어법의 적용 이해</td></tr>
<tr><td>기술(S)</td><td colspan="7">○ 칼로 공격해올 경우 막기 기술(1-1)
○ 긴(장봉) 봉으로 공격해 올 경우 제압법 기술(1-2)
○ 다양한 무기로 공격해 올 경우 전환법을 활용하여 제압하는 기술의 원리(1-3)</td></tr>
<tr><td>태도(A)</td><td colspan="7">○ 경청의 자세
○ 안전의 자세
○ 응용의 자세
○ 상대방의 반응에 따른 적용의 변화</td></tr>
<tr><td>교수
학습
방법</td><td colspan="7">■ 교수 방법
• 경호무도를 숙달하기 위하여 고급반의 무기막기 기술의 종류와 방법을 설명한다.
• 조를 구성하여 다음과 같은 활동을 수행하도록 한다.
- 2명이 한조가 되어 상호 무기로 공격 시 방어 방법을 상호 바꾸면서 훈련을 실시한다.
- 한명이 장봉으로 공격하고, 다른 한명이 장봉을 막고 제압할 수 있도록 한다.
- 오른손의 연습이 끝나면 왼손으로 연습을 실시한다.
• 다음과 같은 활동을 수행하도록 한다.
- 파트너와의 연습이 끝나면 옆 사람과 파트너를 바꾸어 실시하도록 한다.
■ 학습 방법
• 힘의 원리와 원심력과 구심력의 반응에 대하여 이해하도록 시범을 통해 익히도록 한다.
• 조를 구성하여 다음과 같은 활동을 수행한다.
- 2인 1조로 구성하되 두 줄로 나란히 서서 익히도록 한다.
• 다음과 같은 활동을 수행한다.
- 다른 학습자들이 수련하고 있는 기술 적용이 적절한지 평가한다.
- 자신이 연습한 장봉 막기 기술이 적절한지 다른 학습자들의 의견을 들어 보고 수정한다.</td></tr>
</table>

<table>
<tr><td>재료 · 자료</td><td>도복착용</td><td>장비 및 도구</td><td colspan="2">가검(가짜로 만든 칼모양)
장봉
쌍절곤
몽둥이</td></tr>
<tr><td rowspan="2">학습단계</td><td colspan="3">교수 – 학습활동</td><td rowspan="2">시간
(분)</td></tr>
<tr><td>교수활동</td><td colspan="2">학습활동</td></tr>
<tr><td>준비 단계</td><td>• 수업 전개 5분전에 강의실에 입장
• 수업 내용 검토
• 자료 점검
• 출석 확인
〈장봉술 개념에 대한 일반적 내용 Review〉
• 장봉술의 기술 중 실전에서 활용 가능한 고급기술인 장봉 막기에 대하여 정리한다.</td><td colspan="2">• 수업 준비 태도
• 수업에 필요한 도구 준비
(장봉, 도복착용 등)
• 출석 확인에 대해 대답한다.

〈장봉술 개념에 대한 일반적 내용 Review〉발
– 장봉 기술 중장봉 막기 기술이 활용가능한지 이유를 각자 발표해본다.</td><td>10</td></tr>
<tr><td>도입 단계</td><td>〈학습목표제시〉
• 학습목표를 제시하여 동기를 유발한다.
• 이번 주 학습 주제인 ‘장봉 막기 방법에 대하여 설명한다.
〈수행준거 제시〉
1. 무기로 공격해 올 경우 상황에 따라 호신기법이 다르게 적용됨을 이해시킨다.
〈지식 제시〉
[지식]
o 장봉 막기의 원리 이해
o장봉 막기 방어법의 이해
〈기술 제시〉
[기술]
o 장봉 막기 기술
o 장봉 막고 제압하기 기술
o 삼단봉 막기 기술</td><td colspan="2">• 수업에 적극적으로 참여하기 위해 노력한다.
• 학습목표를 확인한다.
• 학습목표를 다함께 읽는다.

• 수행준거를 확인한다.
• 수행준거를 다함께 읽는다.

• 지식, 기술, 태도를 확인한다.
• 지식, 기술, 태도를 다함께 읽는다.</td><td>10</td></tr>
</table>

	〈태도 제시〉 [태도] ㅇ 상대방과의 예의중시 태도 ㅇ 시범 시 경청 및 안전 ㅇ 적극적으로 임하는 태도 • 수업시간 배분에 대해 설명한다.		
전개 단계 (1)	① 경호무도의 무기막기 활용 방법에 대하여 설명한다. ② 경호무도 적용 시 무기 막기 전환법의 중요성에 대하여 설명한다. ③무기술 막기 후 제압법의 중요성에 대하여 설명한다.	〈수행내용 : 수행순서〉 ① 학습 주제에 대하여 확인하고, 학습 내용(무기술 막기 기술)에 대해 숙달여부를 확인한다. ② 2인1조 연습한 내용을 파트너를 바꾸어 연습하도록 한다.	10
전개 단계 (2)	① 학습내용을 바탕으로 무기술 막기 기술을 습득할 수 있도록 연습한다. ② 학습내용을 바탕으로 무기술 막기 전환수의 적용 방법을 이해하고 실전에서 활용 가능하도록 연습한다.	〈수행내용: 수행순서〉 ① 학습내용과 설명을 바탕으로 먼저 시범을 보인다. ② 학습내용의 이해를 위하여 그 내용을 언제 활용할 수 있는지 답하도록 한다.	10
정리단계	• 학습내용에 대해 종합적으로 간략히 정리하고, 질의응답 시간을 갖는다. • 다음 주 학습 주제(무기술 막기7-9번 기술의 개념)에 대한 간단한 개념과 학습 목표를 소개하고 예습을 유도한다.	• 교수의 정리내용을 숙지한다. - 교수자의 지시에 대해 귀를 기울인다. • 학습내용을 정리하고 복습한다.	3
평가	• 평가자 체크리스트 평가		5
과제 부과 및 차시 예고	• 다음 차시 : 방건(총)술 막기 실습(7-9번기술)		2
참고 Site 및 문 헌	호신술과 경호무술(이기세공저),2005. 경찰체포호신술(이기세, 송규근, 2011)		

(15) 주차 교수학습계획서

<table>
<tr><td>교과목명</td><td>경호무도</td><td>담당교수</td><td>홍길동</td><td>학습시간</td><td>3시간
(150분)</td><td>주차</td><td>15/15</td></tr>
<tr><td>능력단위
(코드번호)</td><td>방건(총)술 익히기
(KCS-0601010603_21v1-1)</td><td>능력단위
요소
(코드번호)</td><td colspan="5">총으로 공격시 방어법 실기
(KCS-0601010603_21v1-4)</td></tr>
<tr><td>학습목표</td><td colspan="7">총기로 공격 시 방어법을 훈련한다.</td></tr>
<tr><td>수행준거</td><td colspan="7">총으로 공격해올 경우 다양한 공격 방법에 대한 다른 기술을 적용할 수 있다.</td></tr>
<tr><td>지식(K)</td><td colspan="7">ㅇ 총기 이용법 이해
ㅇ 총기 공격 저지법 적용 이해
ㅇ 무도를 활용한 총기 방어법의 적용 이해</td></tr>
<tr><td>기술(S)</td><td colspan="7">ㅇ 총으로 공격해올 경우 막기 기술(1-1)
ㅇ 권총으로 공격해 올 경우 제압법 기술(1-2)
ㅇ 무도를 통해 총기를 제압하는 기술의 원리(1-3)</td></tr>
<tr><td>태도(A)</td><td colspan="7">ㅇ 경청의 자세
ㅇ 안전의 자세
ㅇ 응용의 자세
ㅇ 상대방의 반응에 따른 적용의 변화</td></tr>
<tr><td>교수
학습
방법</td><td colspan="7">■ 교수 방법
• 총기 방어법을 숙달하기 위하여 고급반의 무기 막기 기술의 종류와 방법을 설명한다.
• 조를 구성하여 다음과 같은 활동을 수행하도록 한다.
- 2명이 한조가 되어 상호 총기로 공격 시 방어 방법을 상호 바꾸면서 훈련을 실시한다.
- 한명이 권총으로 공격하고, 다른 한명이 막고 제압할 수 있도록 한다.
- 오른손의 연습이 끝나면 왼손으로 연습을 실시한다.
• 다음과 같은 활동을 수행하도록 한다.
- 파트너와의 연습이 끝나면 옆 사람과 파트너를 바꾸어 실시하도록 한다.
■ 학습 방법
• 힘의 원리와 원심력과 구심력의 반응에 대하여 이해하도록 시범을 통해 익히도록 한다.
• 조를 구성하여 다음과 같은 활동을 수행한다.
- 2인 1조로 구성하되 두 줄로 나란히 서서 익히도록 한다.
• 다음과 같은 활동을 수행한다.
- 다른 학습자들이 수련하고 있는 기술 적용이 적절한지 평가한다.
- 자신이 연습한 권총 막기 기술이 적절한지 다른 학습자들의 의견을 들어 보고 수정한다.</td></tr>
<tr><td>재료 · 자료</td><td colspan="2">도복착용</td><td colspan="2">장비 및 도구</td><td colspan="3">권총(장난감)</td></tr>
</table>

<table>
<tr><th rowspan="2">학습단계</th><th colspan="2">교수 – 학습활동</th><th rowspan="2">시간 (분)</th></tr>
<tr><th>교수활동</th><th>학습활동</th></tr>
<tr><td>준비 단계</td><td>• 수업 전개 10분전에 강의실에 입장
• 수업 내용 검토
• 자료 점검
• 출석 확인
〈권총술 개념에 대한 일반적 내용 Review〉
• 권총의 기술 중 실전에서 활용 가능한 고급기술인 권총 뺏기에 대하여 정리한다.</td><td>• 수업 준비 태도
• 수업에 필요한 도구 준비 (권총 등)
• 출석 확인에 대해 대답한다.

〈권총술 개념에 대한 일반적 내용 Review〉발
– 권총 기술 중건 막기 기술이 활용가능한지이유를 각자 발표해본다.</td><td>10</td></tr>
<tr><td>도입 단계</td><td>〈학습목표제시〉
• 학습목표를 제시하여 동기를 유발한다.
• 이번 주 학습 주제인 '권총막기 방법에 대하여 설명한다.
〈수행준거 제시〉
1. 권총으로 공격해 올 경우 상황에 따라 호신기법이 다르게 적용됨을 이해시킨다.
〈지식 제시〉
[지식]
ㅇ 권총막기의 원리 이해
ㅇ 권총막기 방어법의 이해
ㅇ 권총막고 제압하기 원리 이해
〈기술 제시〉
[기술]
ㅇ 권총 막기 기술
ㅇ 권총 막고 제압하기 기술
〈태도 제시〉
[태도]
ㅇ 상대방과의 예의중시 태도
ㅇ 시범 시 경청 및 안전
ㅇ 적극적으로 임하는 태도
• 수업시간 배분에 대해 설명한다.</td><td>• 수업에 적극적으로 참여하기 위해 노력한다.
• 학습목표를 확인한다.
• 학습목표를 다함께 읽는다.

• 수행준거를 확인한다.
• 수행준거를 다함께 읽는다.

• 지식, 기술, 태도를 확인한다.
• 지식, 기술, 태도를 다함께 읽는다.</td><td>10</td></tr>
</table>

전개 단계 (1)	① 권총 막기 활용 방법에 대하여 설명한다. ② 권총대응술 적용 시 무기 막기 전환법의 중요성에 대하여 설명한다. ③권총 막기 후 제압법의 중요성에 대하여 설명한다.	〈수행내용 : 수행순서〉 ① 학습 주제에 대하여 확인하고, 학습 내용(권총 막기 기술)에 대해 숙달여부를 확인한다. ② 2인1조 연습한 내용을 파트너를 바꾸어 연습하도록 한다.	10
전개 단계 (2)	① 학습내용을 바탕으로 무기술 막기 기술을 습득할 수 있도록 연습한다. ② 학습내용을 바탕으로 무기술 막기 전환수의 적용 방법을 이해하고 실전에서 활용 가능하도록 연습한다.	〈수행내용: 수행순서〉 ① 학습내용과 설명을 바탕으로 먼저 시범을 보인다. ② 학습내용의 이해를 위하여 그 내용을 언제 활용할 수 있는지 답하도록 한다.	10
정리단계	• 학습내용에 대해 종합적으로 간략히 정리하고, 질의응답 시간을 갖는다.	• 교수의 정리내용을 숙지한다. – 교수자의 지시에 대해 귀를 기울인다. • 학습내용을 정리하고 복습한다.	3
평가	• 평가자 체크리스트 평가		5
과제 부과 및 차시 예고	직무능력평가2를 위한 준비 지시		2
참고 Site 및 문헌	호신술과 경호무술(이기세공저), 2005. 경찰체포호신술(이기세, 송규근, 2011)		

• 참고자료 •

- 생활호신술(이기세 편저, 2003)
- 호신술과 경호무술(이기세 공저,2005)
- 실전 경호실무(이기세외 공저, 2007)
- 경호입문(이기세외 공저, 2007)
- 경찰체포호신술(이기세, 송규근, 2011)
- 생활안전호신술(이기세외 5명, 2019)

• 부록 •

[2021학년도 1학기 교안형] 교수학습지침서

	소속	개발자
	0000과	홍 길 동

교수학습지침서는 대학마다 양식과 학습내용이 다를 수 있다. 위에 소개한 내용은 경기도 K 대학에서 저자 홍길동교수가 작성하여 활용하고 있는 내용을 예시로 소개하였다.
교과부와 고용노동부에서 ncs를 통해 표준화된 교육과정을 적용하여 단계별 교육을 원활하게 지도하고 쉽게 학습될 수 있도록 한 만큼 교수 개인별 국가직무능력 표준교육과정에 맞추어 업그레이드 하면서 매학기 수정 적용한다면 학습효과가 증대될 것으로 생각된다.

경호무도

실기

9. 경호 무도의 실기

경호 무도 실기 편에서는 “경호 행동에서 발생할 수 있는 위해자의 행동”에 따라 방어할 수 있는 다양한 호신 기법을 정리하였다. 특히 신체 부위별 제압하는 경호기법과 다양한 무기로 공격해 올 경우 방어할 수 있는 기법을 이해하기 쉽도록 사진을 통하여 동작을 나열하여 설명하였다.

1) 지나가면서 연행하기

상대방을 범죄자라고 이미 인식하고 있을 때, 상대방은 자신이 누구인지 모르고 있지만 본인은 상대방이 누구인지 알고 있을 때, 상대방을 지나치면서 제압 또는 체포할 수 있는 동작을 익혀보도록 하자.

(1) 연행술 1수(검은색 양복을 착용한 사람을 경호원(자신)이라고 설정함)

사진	설명
	경호원이 상대방과 지나치기 직전

	상대방이 인지하지 못하게 엇손 (손바닥끼리 맞잡은 상태)으로 상대방의 손목을 잡고
	빠르게 바깥쪽으로 회전을 한 후
	다른 쪽 손은 상대방의 목에 대고
	회전을 가속화 한 후

	다시 반대쪽으로 역회전을 한 후
	상대의 얼굴을 가격한 후
	상대방을 넘어뜨려 제압한다.

(2) 연행술 2수

사진	설명
	상대방과 마주 보면서

	상대방이(범인) 지나치기 직전에 어떤 형태의 호신술을 적용할 것인가를 고민해야 한다.
	상대방이 지나치기 직전에 한 손은 허리에, 다른 한 손은 팔을 펴서 상대의 목 부위에 수도로 대고
	상대의 다리를 걸어
	넘어뜨린 후

	상대방이 일어나지 못하도록 제압한다.

(3) 연행술 3수

사진	설명
	상대방과 마주 보면서
	상대방이(범인) 지나치기 직전에 어떤 형태의 호신술을 적용할 것인가를 고민해야 한다.

	상대방이 지나치기 직전에 한 손은 허리에, 다른 한 손은 팔을 펴서 상대의 목 부위에 수도로 대고
	상대의 다리를 걸어
	넘어뜨린 후
	상대방이 일어나지 못하도록 제압한다.

(4) 연행술 4수

사진	설명
	상대방과 마주 보고 선 후
	상대방이 지나치기 전에 상대방의 걸어오는 모습을 파악한 후
	상대의 손목을 잡은 후
	잡은 팔을 높이 들어 올린 후

	팔 아래로 돌아 들어가 주관절을 압박한 후
	다시 잡은 손을 바꿔 잡은 후
	역 회전하면서 상대방과 마주 본 후
	상대방을 뒤로 넘어뜨린다.

<table>
<tr><td></td><td>상대방을 넘어뜨린 후 끝까지 주시하면서 상대방이 다시 공격해 오지 않도록 경계를 늦추지 않는 것이 무엇보다도 중요하다.</td></tr>
</table>

2) 손목 잡혔을 때 제압하기

상대방이 자신의 손목을 잡아 올 경우 대응법을 익혀보도록 한다.

(1) 한 손 잡혔을 때 제압하기

상대방이 한쪽 손목을 잡아 올 경우 대응하는 방법을 익혀보도록 한다. 손목 제압하기는 상대방이 손목을 잡았을 경우 손을 빼는 기술과 손목을 잡고 상대방의 손목을 꺾는 방법을 병행하여 숙련시키도록 한다. 실전에서는 자신감을 갖고 손빼기와 손목꺾기 중에서 상황에 따라 좀 더 효과적인 술기를 적용하는 것이 바람직하다.

① 손목 제압하기 1수

사진	설명
	상대방과 마주 보며 선다.

	상대방이 오른쪽(왼쪽) 손을 잡으면
	손이 잡힌 쪽 발이 1보 전진하면서 앞으로 민다.(이때 잡힌 손의 손가락에 힘을 주고 손가락을 편다)
	잡힌 손을 왼쪽으로 당기면서 뺀 후
	팔꿈치를 접어 상대방의 턱을 가격하여 제압한다.(실전에서는 팔꿈치를 접지 않고 팔을 펴서 휘두르는 것이 더 강력하고 효과적이다.)

② **손목 제압하기 2수**

사진	설명
	상대방과 마주 보며 선다.
	상대방이 한쪽 손목을 잡아 오면
	잡힌 손을 세워 손바닥이 상대방을 향하게 한 후
	잡힌 손과 같은 쪽의 발이 동시에 앞으로 1보 전진하며 손을 밀어서 뺀 후

	반대쪽 손으로(주먹을 쥐고) 상대의 인후부를 공격한다.

③ 손목 제압하기 3수

사진	설명
	상대방과 마주 본 후
	상대가 한쪽 손목을 잡아 오면
	잡힌 쪽 발을 1보 전진하며 잡힌 손을 상대의 어깨높이보다 높게 들어 올린 후

	팔 아래로 돌아 내 회전한 후
	상대의 등 뒤로 돌아 들어가
	잡혔던 손을 뺀 후 높이 들어
	상대의 뒷목을 공격한다.

④ 손목 제압하기 4수

사진	설명
	상대방이 한 손을 잡아 오면
	잡힌 손을 들어 손바닥이 자신의 얼굴과 마주 보게 한 후
	반대 손으로 상대의 손목을 잡은 후 잡혔던 손은 한 바퀴 회전을 하여 상대의 손바닥과 마주치게 포갠 후
	양손을 동시에 상대방의 손을 시계방향으로 잡고 돌리면서

	두 손을 잡아당기면서
	바닥에 눕힌 후 제압한다. 이때 상대방의 팔꿈치를 무릎에 대고 제압을 하도록 한다.

⑤ 손목 제압하기 5수

사진	설명
	상대방이 손목을 잡아 오면
	잡힌 손은 상대방의 손목을 잡고, 다른 쪽 손으로 상대 팔의 주관절 하단 부위(소해)를 잡은 후

	상대방의 팔을 들어 팔 아래로 돌아 들어간 후
	한 손을 상대의 팔과 등 사이에 넣고
	아래로 누르면서 제압한다.

⑥ 손목 제압하기 6수

사진	설명
	상대방이 손목을 잡아 오면
	왼손으로 상대방의 손등을 잡고 오른손으로 상대방의 손목을 잡고 서로 다른 방향으로 비튼다(사진에서 보듯이 왼손은 손등을 좌측으로 비틀면서 위로 올리고, 오른손은 손목을 오른쪽으로 비틀면서 아래로 내린다)
	1보 전진하면서 밀고
	다시 몸 앞쪽으로 당기면서 아래로 누르면서 제압한다.

⑦ 손목 제압하기 7수

사진	설명
	상대방이 한쪽 손목을 잡아 오면
	잡힌 손목을 시계 반대 방향으로 틀면서
	반내 손으로 바꿔 집은 후
	다른 한 손은 상대방의 허리띠 주변을 잡고

	허리 띄기(채기)로 업은 후
	상대방을 넘어뜨린다.

(2) 양손 잡혔을 때 제압하기

상대방이 본인의 양손을 잡았을 경우 대응법을 익혀 보도록 한다. 상대방이 앞쪽에서 자신의 양쪽 손목을 잡고 공격해 올 경우 대응법을 익히고 숙련하도록 한다.

① 앞에서 잡았을 때

사진	설명
	상대방이 양손으로 동시에 자신의 두 손을 잡았을 경우

	잡힌 손을 각각 바깥쪽으로 회전 시켜 돌려 잡은 후
	왼쪽 손은 당겨 잡고, 오른쪽 손은 위로 밀어 올려 잡은 후
	오른쪽 무릎을 들어 상대방의 명치를 공격한 후
	오른쪽 다리를 상대의 오른쪽 다리 뒤쪽에 댄 후

	왼손은 당기고 오른손은 상대방의 어깨를 밀면서
	넘어뜨린 후 상대방의 팔을 잡아 제압한다.

② 뒤에서 잡았을 때

사진	설명
	상대방이 뒤쪽에서 양손으로 자신의 두 손을 잡았을 경우

	잡힌 양손을 뻗어 한쪽으로 몸을 기울여
	팔 아래로 상체를 뺀 후 상대방의 손목을 잡고 다른 한 손으로 주관절을 압박한 후
	1보 전진하면서 제압한다.

③ 뒤에서 잡았을 때 2수

사진	설명
	상대방이 뒤쪽에서 양손으로 자신의 두 손목을 잡았을 경우
	오른손을 뺀 후 왼쪽으로 돌면서
	상대방과 마주한 후
	오른손으로 상대방의 손목을 잡고 왼손을 상대방으로부터 이탈시킨 후

	왼손으로 상대방의 손등을 누른 후 상대의 왼쪽 다리를 걸어
	넘어뜨린 후 상대의 팔을 당긴 후
	무릎으로 상대방의 주관절을 고정하여 제입한다.

3) 옷이 잡혔을 때 제압하기

상대방이 본인의 옷을 잡았을 때 대응법을 익혀보도록 한다. 옷을 잡고 호신술하는 것을 “의복수” 수련이라고 한다. 여기에서는 팔소매부터 어깨 및 멱살, 허리띠 잡혔을때 순서로 기술을 익혀보도록 한다.

(1) 소매 잡혔을 때 제압하기

상대방이 팔 소매를 잡았을 때 대응법을 익혀보도록 한다.

① 의복 1수

사진	설명
	상대방과 마주 본 상태에서
	상대방이 한 손으로 옷 소매를 잡아 올 경우
	잡히지 않은 반대 손으로 옷과 상대방의 손을 동시에 잡고

	오른손으로 압박을 한 후
	상대방의 손목을 공격한 후 주관절에 손을 고정한 후
	1보 전진하면서 누른 후
	상대방이 일어나지 못하도록 제압을 한다.

② 의복 2수

사진	설명
	상대방이 자신의 옷소매 중간 정도를 잡았을 경우
	자신의 팔꿈치를 접어 상대의 손목이 움직이지 않도록 고정을 한 후
	다른 손으로 주관절(소해) 아래쪽을 잡고
	팔을 들어 팔 아래로 돌아 들어가 회전을 한 후

	한 손으로 상대방의 어깨를 잡고 다른 한 손은 팔과 등 사이에 팔을 끼운 후
	상대방을 지면에 눕힌 후 제압한다.

③ 의복 3수

사진	설명
	상대방이 위쪽 팔 중간부위 옷을 잡았을 경우
	한 손으로 상대의 손목을 고정한 후

	다른 손으로 상대의 안쪽 팔꿈치를 안쪽에서 바깥쪽으로 자극한 후
	상대방의 어깨 아래쪽 부위에 손날을 댄 후
	팔을 굽혀 꺾은 후 1보 전진하면서 제압한다.

④ 의복 4수

사진	설명
	상대방이 한 손으로 멱살을 잡아 올 경우
	한 손으로 상대의 손목을 잡아 고정한 후
	다른 손으로 손목을 비틀면서
	1보 전진하면서 압력을 가한다 (이때 힘은 좌,우,상,하 앞쪽으로 동시에 발휘해야 한다.)

	상대방을 넘어뜨린 후 제압한다.

⑤ 의복 5수

사진	설명
	상대방이 상의(옷)한 쪽 깃을 잡았을 경우
	상대방의 손을 옷깃으로 감아 잡은 후
	반대쪽 손으로 옷과 상대의 손을 눌러 손이 빠지지 않게 한 후

	몸을 외회전하면서 돌고
	손을 비틀어 상대방을 넘어뜨린 후
	상대의 팔을 당기며 제압한다.

(2) 어깨 잡혔을 때 제압하기

상대방이 한 손으로 어깨를 잡아 올 경우 대응법을 익힌다.

사진	설명
	상대방이 어깨를 잡아 오면
	머리를 숙이면서
	상대방의 옆구리와 복부를 공격한 후

	머리를 돌려 팔 아래로 뺀 후
	목 뒤로 상대방의 손목을 잡은 후
	한 손으로 상대의 손목을 잡고 다른 손으로 주관절을 압박한 후
	1보 전진하면서 제압한다.

상대방이 양쪽 손으로 어깨를 잡아 올 경우 대응법을 익힌다.

① 어깨 1수

사진	설명
	상대방과 마주 보고 선 후
	상대방이 양손으로 어깨를 잡으려고 하면
	두 팔을 모아 상대의 팔을 막고

	한쪽 손을 밖으로 회전시켜 내린 후
	반대쪽 손으로 손목을 잡고, 다른 손은 주관절을 겨냥한 후
	다시 오른손과 왼손을 바꾼 후
	한 번 더 내 회전을 하면서 위치를 바꾼 후

	한쪽 팔꿈치로 턱을 가격한 후
	잡은 팔을 끌어당긴 후
	한쪽 다리를 걸어
	뒤쪽으로 밀어 넘어뜨린 후

	제압한다.

② 어깨 2수

사진	설명
	상대방과 마주 보고 선 후
	상대방이 양손으로 어깨를 잡아 오면
	양손으로 상대의 팔을 막고

	왼손으로 상대방의 왼손을 아래로 돌려 잡은 후
	오른쪽 팔을 잡아
	한 손 업어치기를 한다.
	이때 무릎은 최대한 낮추고 두 발은 나란히 모아 무게중심을 모은 후

	한 팔 업어치기로 제압한다.

(3) 멱살 잡혔을 때 제압하기

상대방이 손으로 멱살을 잡아 올 경우 대응법을 익혀보도록 한다.

① 멱살 1수

사진	설명
	상대방과 마주 보고 선 후
	상대방이 한 손으로 멱살을 잡아 오면

	한쪽 손은 왼쪽으로 비틀고, 다른 한쪽 손은 반대쪽으로 비튼 후
 	왼손은 상대의 손등을 잡고 왼쪽으로 비틀면서 위로 올리고 오른쪽 손은 상대의 손목을 잡고 오른쪽으로 비틀면서 아래로 내린다.
	이때 오른발이 1보 전진하면서 상대방 쪽으로 힘을 전진시키고

	체중을 실어 밀면서
	상대방이 움직이지 못하도록 제압을 한다.

② 멱살 2수

사진	설명
	상대방과 마주 보고 선 후
	상대방이 한 손으로 멱살을 잡아 오면

	오른손으로 상대의 손등을 잡고
	왼손으로 상대의 손목을 잡은 후
	다시 왼손으로 상대의 주관절 위쪽에 있는 급소(곡지)를 누른 후
	1보 전진하면서 상대방을 제압한다.

(4) 허리띠 잡혔을 때 제압하기

상대방이 허리 부분을 잡았을 때 대응법을 익혀보도록 한다.

① 허리 1수

사진	설명
	상대방이 허리띠를 잡았을 경우
	한 손으로 상대방의 손목을 잡고 다른 손으로 상대방의 주관절(소해) 급소를 누른 후
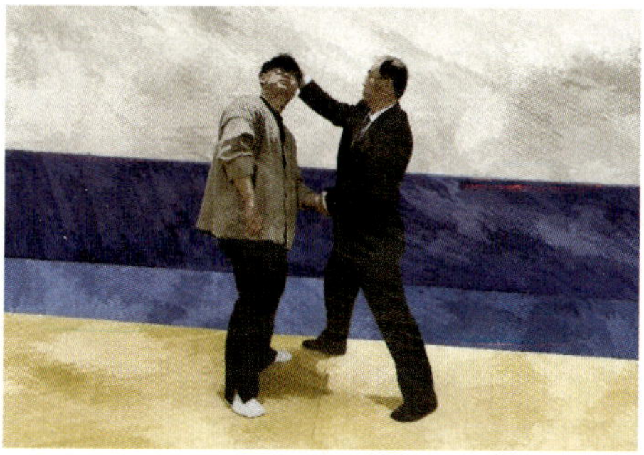	상대방의 머리를 잡은 후

	다른 손으로 상대의 턱을 잡은 후
	다리를 걸어 머리와 동시에 회전시키면서
	뒤로 넘어뜨린 후 제압한다.

② 허리 2수

사진	설명
	상대방이 허리띠를 잡았을 경우

	한 손으로 상대방의 손목을 잡고
	다른 쪽 손으로 상대의 중팔(주관절) 내려친 후
	다시 내려친 손으로 상대의 목을 잡고 다리를 걸고
	옆으로 회전하면서

	넘어뜨린 후 제압한다.

4) 주먹으로 공격 시 맨손으로 방어하기

상대방이 주먹으로 공격해 오는 것을 맨손으로 막는 것을 익혀보도록 한다. 흔히 "방권술"이라고도 불린다.

(1) 얼굴 공격 시 방어하기

상대방이 얼굴 쪽을 향해 주먹으로 공격해 올 경우 대응법을 익혀보도록 한다.

① 얼굴 1수

사진	설명
	상대방과 마주 보고 선 후

	상호 공격 자세에서
	상대방이 주먹으로 공격해 올 경우 한 손으로 막은 후
	다른 손으로 상대방의 손목을 잡은 후
	상대방의 손을 들어 내회전한 후

	상대의 손목을 비틀어 꺾은 후
	상대를 던져 제압한다.

② 얼굴 2수

사진	설명
	상대방과 마주 보고 선 후

	상대방이 주먹으로 공격해 오면 한 팔로 주먹을 막고
	다른 쪽 손으로 손을 바꿔 잡은 후 한 손은 손목, 다른 한 손은 주관절을 잡고
	내 회전을 한 후
	안쪽으로 돌아 회전을 한 후

	다리를 걸어 넘어뜨린 후
	상대의 팔을 접어 제압한다.

③ 얼굴 3수

사진	설명
	상대방이 주먹으로 공격해 올 경우 오른쪽 손으로 막은 후

	손을 바꾸어 잡고
	상대방의 주관절을 잡아
	뒤로 돌아 회전을 한 후
	한 손으로 손목을 잡고 다른 손으로 반대쪽 어깨를 잡은 후

	뒤로 당기며 다리를 걸어 넘어뜨린 후
	상대방을 제압한다.

(2) 주먹으로 복부 공격 시 제압하기

① 복부 공격 1수

사진	설명
	상대방과 마주 보고 선 후

	상대방이 복부를 주먹으로 공격해 올 경우 두 손을 모아 주먹을 막은 후 (왼손이 위쪽)
	두 손을 시계 반대 방향으로 돌리면서
	상대방 손등을 누르면서 회전을 한 후
	상대의 손목을 비틀어

	넘어뜨린 후 제압한다.

② 복부 공격 2수

사진	설명
	상대방과 마주 보고 선 후
	상대방이 주먹으로 복부를 공격해 올 경우

	두 손을 모아 상대의 손을 막은 후 (오른손이 위쪽)
	시계방향으로 두 손을 돌려 상대의 손목을 꺾은 후
	발로 상대의 복부를 공격한 후
	무릎으로 상대의 어깨를 눌러

	넘어뜨린 후 제압한다.

5) 상대방이 주먹으로 공격 시 삼단봉으로 제압하기

상대방이 주먹으로 공격해 올 경우 삼단봉을 활용하여 제압하는 방법을 익혀보도록 한다. 삼단봉의 활용법을 익히기 위해서는 기본자세를 알아야 한다. 삼단봉으로 방어할 수 있는 자세로는 바로서기, 공격 준비, 왼쪽 막기, 오른쪽 막기, 위쪽 막기, 아래쪽 막기가 있다.

〈삼단봉 기본자세〉

사진	설명
	바로서기 삼단봉을 들고 바르게 선다.

	삼단봉을 들고 한발을 뒤로 뺀 후 선다.
	삼단봉을 세워 오른쪽으로 이동하며 막기를 한다.
	삼단봉을 세워 왼쪽으로 막기를 한다.
	삼단봉을 옆으로 눕힌 후 위쪽을 막는다.

<table>
<tr><td></td><td>삼단봉을 옆으로 눕힌 후 아래쪽을 막는다.</td></tr>
</table>

(1) 상체 제압하기

상대방이 주먹으로 공격해 올 경우 삼단봉으로 상대의 팔을 제압하는 방법을 익혀보도록 한다. 상대방이 혼자가 아니고 여러 명이 공격해 올 경우 활용하는 기법이다. 삼단봉은 30cm정도의 단봉이지만 3단으로 확장되는 방어용 연결봉이다. 상대방이 칼과 같은 무기로 공격을 해 올 경우 활용하는 보조 방어 도구이다.

① 상체 1수

<table>
<tr><th>사진</th><th>설명</th></tr>
<tr><td></td><td>상대방이 주먹으로 공격해 올 경우</td></tr>
</table>

	상대방의 주먹을 삼단봉으로 막고
	상대의 손목을 잡은 후
	삼단봉은 상대의 목에 대고
	손목을 비틀어 제압한다.

② 상체 2수

사진	설명
	상대방과 마주 보고 선 자세에서
	상대방이 주먹으로 공격해 올 경우 삼단봉으로 막은 후
	삼단봉을 목에 대고
	뒤로 당기면서

	제압을 한다.

(2) 하체 제압하기

상대방이 주먹으로 공격해 올 경우 삼단봉으로 상대의 다리를 제압하는 방법을 익혀 보도록 한다.

① 하체 1수

사진	설명
	상대방과 서로 마주 보고 선 후
	상대방이 주먹으로 공격해 올 경우 삼단봉으로 막은 후

	한 손으로 주먹을 막고 삼단봉으로
	양다리 사이에 놓고 왼쪽으로 돌린 후
	상대방을 넘어뜨린 후
	제압을 한다.

② 하체 2수

사진	설명
	상대방과 마주 선 자세에서
	상대방이 주먹으로 공격해 올 경우
	상대방의 주먹을 막고

	양쪽 다리 사이로 삼단봉을 넣고
	오른쪽으로 돌린 후
	상대방을 넘어뜨린 후 제압한다.

6) 방족술

상대방이 발차기로 공격해 올 경우 상대의 다리를 막고 제압하는 방법을 익혀보도록 한다.

(1) 뒤차기로 공격해 올 경우

사진	설명
	상대방과 마주 보고 선 후
	상대방이 뒤 휘두르기(회축)로 공격하려고 하면
	상대방과의 거리를 확보한 후

<table>
<tr><td></td><td>상대방의 발을 팔로 막고
한발을 들어 올려</td></tr>
<tr><td>
</td><td>상대방의 둔부(엉덩근)에 발바닥을
대고 밀어 상대방을 제압한다.</td></tr>
</table>

(2) 옆차기로 공격해 올 경우

사진	설명
	상대방과 마주 보고 선 후

	상대방이 다리를 접은 후
	상대방이 옆차기로 공격해 올 경우
	상대방의 발을 잡고 바깥쪽으로 돌아 피한 후
	한쪽 다리를 들어

	상대방의 축이 되는 다리의 안오금을 발로차서
	상대방을 제압한다.

(3) 돌려차기로 공격해 올 경우

사진	설명
	상대방과 마주 보고 선 후

	상대방이 돌려차기로 공격해 올 경우
	상대의 다리를 잡고 1보 전진한 후
	한 손으로 다리를 잡고 다른 한 손으로 상대방의 멱살을 잡은 후
	한쪽 다리를 걸어

	잡은 다리는 당기고, 어깨는 밀며, 동시에 다리를 걸어
	상대방이 넘어지도록 한다.
	상대방이 일어나지 못하도록 1보 전진하면서 제압한다.

7) 검으로 공격 시 방어하기

상대방이 검(칼)로 공격해 올 경우 대응하는 방법을 익혀보도록 한다.

(1) 맨손으로 방어하기

상대방은 무기를 잡고 공격을 해오고 본인은 맨손일 경우 방어법을 익혀보도록 한다.

① 맨손 1수

사진	설명
	상대방과 마주 보고 선 후
	상대방이 칼을 들고 공격해 오면 (휘두를 경우)
	칼의 공격이 시작된 쪽으로 칼을 피해 몸을 틀어 피한 후

	빗나간 칼의 위치를 확인한 후
	다시 반대쪽으로 공격해 오는 상대방의 칼 잡은 손을 확인한후
	상대의 팔을 잡은 후
	반대 손으로 상대의 주관절을 누른 후

	회전을 한 후
	다시 안쪽방향으로 돌아
	상대방의 칼 잡은 손을 고정하고 다리를 걸어
	상대방을 넘어뜨려 제압한다.

② 맨손 2수

사진	설명
	상대방과 마주 보고 선 후
	상대방이 복부를 칼로 공격해 올 경우
	한발을 이용하여 상대방의 칼 잡은 손을 발로 쳐내고
	(이때 발의 안쪽 부분을 이용하여 안다리 차기를 활용하여 공격 부위가 넓게 한다)

	칼이 손에서 이탈되도록 한 후
	한쪽 다리를 축으로 한 후
	뒤로 돌아
	한쪽 다리를 들어

	뒤차기로
	상대방의 복부를 목표로 공격한다.
	이때, 칼 잡은 손을 차면서 동시에 회전력을 이용하여 빠르게 공격해야 안전을 담보할 수 있다.

(2) 삼단봉으로 무기 방어하기

① 칼로 복부를 공격해 올 경우

사진	설명
	상대방이 칼로 복부를 공격해 올 경우
	상대방이 찌른 칼을 피한 후
	삼단봉으로 손목을 공격한 후
	상대방의 손에서 칼을 이탈시킨 후

	제압한다.

② 상대방이 칼로 얼굴을 공격해 올 경우

사진	설명
	상대방이 칼로 얼굴을 공격해 올 경우
	삼단봉으로 칼을 막은 후

	손등을 돌려 내려친 후
	상대방의 손에서 칼이 이탈되도록 한 후 제압한다.

8) 몽둥이로 공격 시 방어하기

상대방이 몽둥이나 긴 막대를 가지고 휘두를 경우 방어하는 방법을 알아보고자 한다. 상대방이 몽둥이를 들려고 하면 먼저 움직여서 근(가까운)접촉을 통해 상대방의 몽둥이를 제거하는 동작이 우선 이루어져야 한다.

(1) 맨손으로 방어하기

상대방이 몽둥이로 공격하려고 할 경우 맨손으로 제압하는 방법을 익혀보도록 한다.

① 맨손방어 1수

사진	설명
	상대방이 몽둥이로 공격해 올 경우
	한쪽으로 피한 후
	반대쪽에서 상대방의 손목을 잡고
	회전한 후 전환하여 상대방의 주관절을 압박한 후

	역 회전하여 다리를 걸어 넘어뜨린 후
	상대방을 제압한다.

② 맨손방어 2수

사진	설명
	상대방이 몽둥이로 공격해 올 경우
	한 손으로 몽둥이를 막으면서 회전을 한 후

	한 손 업어치기 자세로 상대방의 팔을 잡아
	상대를 업어 던진 후
	상대의 팔을 잡아 제압한다.

9) 권총으로 겨눌 경우 방어하기

일반인들은 권총과 관련된 호신술은 어색하기도 하고 쉽게 접할 수 없는 분야이기도 하다. 하지만 호신용 가스총이 상용화되어 많은 사람들이 이용하고 있으며, 경찰무술에서나 경호 관련 전공을 하는 학생들은 수업 시간에 숙련시키는 호신술 분야이기도 하다.

(1) 앞에서 권총으로 겨눌 경우 1수

상대방이 앞에서 권총을 겨누며 “손들어”라고 할 경우 대응하는 방법을 익히도록 한다.

사진	설명
	상대방이 앞쪽에서 권총으로 겨눌 경우
	왼손으로 총구를 옆으로 튼 후
	다른 한손으로 총구를 잡은 후

	총을 비틀어 상대의 손에서 이탈시킨 후
	총 머리로 상대의 급소를 공격한 후
	넘어뜨려 제압한다.
	상대방이 다시 공격하지 못하도록 한다.

(2) 앞에서 권총으로 겨눌 경우 2수

상대방이 앞에서 권총을 겨누며 "손들어"라고 할 경우 대응하는 방법을 익히도록 한다.

사진	설명
	상대방이 권총으로 겨눌 경우
	왼손으로 상대의 손목을 잡고 총구를 돌린 후
	상대의 주관절을 내려친 후
	상대의 손목과 주관절을 꺾은 후

	총기를 상대로부터 이탈시켜
	다리를 걸어 넘어뜨린 후
	상대가 반격하지 못하도록 한 후
	상대와 안전거리를 확보한 후 연행한다.

(3) 뒤에서 권총으로 겨눌 경우 1수

상대방이 뒤에서" 손들어"라고 할 경우 대응하는 방법을 익혀보도록 한다.

사진	설명
	상대방이 뒤에서 권총으로 겨눌 경우
	시계방향으로 빠르게 회전을 한 후
	상대의 손목을 잡아 총구가 고정되도록 한 후

	다른 한 손으로 상대의 주관절을 누른 후
	손목을 비틀어 꺾은 후
	역 회전한 후
	상대의 총을 이탈 시킨 후

	상대방의 손목을 비틀어 넘어뜨린 후
	상대방과의 안전거리를 두고 연행한다.

(4) 뒤에서 권총으로 겨눌 경우 2수

상대방이 뒤에서" 손들어"라고 할 경우 대응하는 방법을 익혀보도록 한다.

사진	설명
	상대방이 권총으로 뒤에서 겨눌 경우

	시계 반대 방향으로 회전을 한 후
	왼손을 상대의 손목을 잡고 총구를 고정한 후
	오른손으로 상대의 목을 공격한 후
	손목을 당기면서 어깨를 민 후

	한쪽 다리를 걸어
	상대방을 넘어뜨린 후
	안전거리를 확보한 후 연행한다.

10) 발차기

발차기는 경호무도를 함에 있어 매우 효율적인 공격방법 중의 하나이다. 많은 발차기가 있지만 가장 기초적인 발차기인 앞차기, 옆차기, 돌려차기 및 타겟(Taget) 발차기인 미트차기를 소개하고자 한다.

(1) 앞차기

앞차기는 상대방과 대응하고 있을 경우 상대방의 전면인 얼굴, 흉부, 복부 등을 공격하고자 행하는 동작의 일종이다.

사진	설명
	정면을 보고 앞서기를 한 후 (양 손은 상체 부위 앞에서 가볍게 주먹을 쥔다)
	한쪽 다리는 축을 만들고 다른 한쪽 무릎을 접어든다.

	발등을 편 후 눈은 상단을 보면서 접었던 무릎을 펴서 다리를 뻗는다.

(2) 옆차기

옆차기는 상대방이 전방에 있을 경우 몸을 90도 회전하여 발 날을 이용하여 공격하고자 행하는 동작의 일종이다.

사진	설명
	정면을 보고 앞서기를 한 후 (양 손은 상체 부위 앞에서 가볍게 주먹을 쥔다)

<table>
<tr><td></td><td>몸을 약간 옆으로 뉘고, 무릎을 접는다.
(이때 발로 공격하고자 하는 부위를 눈으로 쳐다본다)</td></tr>
<tr><td></td><td>접었던 무릎을 펴면서 뻗는다.
이때 눈은 발 날(족도)을 쳐다본다.</td></tr>
</table>

(3) 돌려차기

돌려차기는 상대방이 앞쪽에 있을 경우 몸을 90도 돌려 상대의 얼굴, 몸통 부위를 자신의 발등으로 공격하는 행위를 말한다.

사진	설명
	정면을 보고 앞서기를 한 후 (양 손은 상체 부위 앞에서 가볍게 주먹을 쥔다)
	몸을 약간 뒤로 눕혀 중심을 잡고 무릎을 접은 후

	목표를 주시하며 접었던 다리를 뻗으며 발등으로 공격한다.

(4) 미트차기

미트차기는 실제 목표물을 공격하듯이 실전과 똑같이 미트를 이용하여 수련시키는 행위이다. 돌려 턴차기를 예로 들고자 한다.

사진	설명
	목표물인 미트를 향해 선 후

	중심을 낮추어 도약 준비를 한 후
	몸을 뒤쪽으로 약간 비튼 후
	왼발을 축으로 중심을 잡고
	목표를 보면서 오른발을 접어든 후

	접었던 다리를 펴면서
	목표물을 타격한 후
	다리를 접어 회전속도를 줄이면서
	처음 자세로 와서 중심을 잡고 선다.

11) 낙법

낙법은 위치변화에 따라 인체가 지면에 쓰러질 경우 안전하게 신체의 상해 없이 착지하여 골절, 염좌 및 찰과상, 압박에 의한 통증이 발생하지 않도록 하는 행위이다.

(1) 전방낙법

전방낙법은 상체의 전면이 지면에 닿기 전에 두 팔을 이용하여 지면에 상체가 닿지 않도록 하고 두 다리의 앞꿈치가 지면에 닿아 완충작용을 하는 동작이다.

사진	설명
	전면을 보면서 선다(두 손은 흉부 앞쪽에서 모은다)
	무릎을 접어 점프를 한 후

	지면에 착지한다. (착지방법은 두 팔을 접어 손바닥이 지면에 닿게하고, 두발의 앞꿈치가 지면에 닿게 한다. 하지만 복부와 다리는 지면에 닿지 않도록 자세를 유지한다.)

(2) 후방낙법

등쪽 부분이 지면에 닿기 전에 양팔이 지면에 먼저 착지하여 충격을 완화 시키는 동작 중의 하나이다.

사진	설명
	양 손을 모아 자세를 잡는다.

	등쪽 부분이 지면에 닿기 전에 두 팔을 뻗어 먼저 지면에 접촉시켜 충격을 분산시킨 후 지면에 머리 부위가 닿지 않도록 들고, 다리는 위쪽으로 뻗어 체중을 분산시키며 착지한다. (숙달이 되면 공중으로 점프를 한 후 착지를 하도록 한다)

(3) 측방낙법

측방낙법은 신체의 측면이 지면에 닿기 전에팔을 이용하여 충격을 완화시키는 동작 중의 하나이다.

사진	설명
	전면을 보면서 선다(두 손은 흉부 앞쪽에서 모은다.)

	왼쪽 다리를 오른쪽으로 뻗으면서 넘어지고, 왼쪽 팔이 지면에 닿게 한 후 신체의 측면을 지면에 대고 눕는다.

(4) 전방회전낙법

전방회전 낙법은 상대방이 다리를 걸거나 지면의 장애물로 인하여 자신의 발이 걸려 넘어질 경우 안전하게 회전을 한 후 지면에 착지하는 방법을 말한다.

사진	설명
	전면을 보면서 선다(두 손은 흉부 앞쪽에서 모은다.)

	두 손을 어깨 넓이로 지면에 대고 왼발을 뒤로 뺀 후 앞으로 회전을 한다.(정면에서 본 자세)
	앞으로 회전을 한 후 마지막 착지 동작은 측면 낙법 착지 동작과 일치한다.(측면에서 본 자세)

■부록

경비업법

[시행 2021. 1. 12] [법률 제17894호, 2021. 1. 12, 타법개정]

경찰청(범죄예방정책과) 02-3150-1331

제1장 총칙

제1조(목적) 이 법은 경비업의 육성 및 발전과 그 체계적 관리에 관하여 필요한 사항을 정함으로써 경비업의 건전한 운영에 이바지함을 목적으로 한다.

제2조(정의) 이 법에서 사용하는 용어의 정의는 다음과 같다. 〈개정 2005. 5. 31., 2013. 6. 7.〉

1. "경비업"이라 함은 다음 각목의 1에 해당하는 업무(이하 "경비업무"라 한다)의 전부 또는 일부를 도급받아 행하는 영업을 말한다.
   가. 시설경비업무 : 경비를 필요로 하는 시설 및 장소(이하 "경비대상시설"이라 한다)에서의 도난 · 화재 그 밖의 혼잡 등으로 인한 위험발생을 방지하는 업무
   나. 호송경비업무 : 운반중에 있는 현금 · 유가증권 · 귀금속 · 상품 그 밖의 물건에 대하여 도난 · 화재 등 위험발생을 방지하는 업무
   다. 신변보호업무 : 사람의 생명이나 신체에 대한 위해의 발생을 방지하고 그 신변을 보호하는 업무
   라. 기계경비업무 : 경비대상시설에 설치한 기기에 의하여 감지 · 송신된 정보를 그 경비대상시설외의 장소에 설치한 관제시설의 기기로 수신하여 도난 · 화재 등 위험발생을 방지하는 업무

마. 특수경비업무 : 공항(항공기를 포함한다) 등 대통령령이 정하는 국가중요시설(이하 "국가중요시설"이라 한다)의 경비 및 도난 · 화재 그 밖의 위험발생을 방지하는 업무

2. "경비지도사"라 함은 경비원을 지도 · 감독 및 교육하는 자를 말하며 일반경비지도사와 기계경비지도사로 구분한다.

3. "경비원"이라 함은 제4조제1항의 규정에 의하여 경비업의 허가를 받은 법인(이하 "경비업자"라 한다)이 채용한 고용인으로서 다음 각목의 1에 해당하는 자를 말한다.

가. 일반경비원 : 제1호 가목 내지 라목의 경비업무를 수행하는 자

나. 특수경비원 : 제1호 마목의 경비업무를 수행하는 자

4. "무기"라 함은 인명 또는 신체에 위해를 가할 수 있도록 제작된 권총 · 소총 등을 말한다.

5. "집단민원현장"이란 다음 각 목의 장소를 말한다.

가. 「노동조합 및 노동관계조정법」에 따라 노동관계 당사자가 노동쟁의 조정신청을 한 사업장 또는 쟁의행위가 발생한 사업장

나. 「도시 및 주거환경정비법」에 따른 정비사업과 관련하여 이해대립이 있어 다툼이 있는 장소

다. 특정 시설물의 설치와 관련하여 민원이 있는 장소

라. 주주총회와 관련하여 이해대립이 있어 다툼이 있는 장소

마. 건물 · 토지 등 부동산 및 동산에 대한 소유권 · 운영권 · 관리권 · 점유권 등 법적 권리에 대한 이해대립이 있어 다툼이 있는 장소

바. 100명 이상의 사람이 모이는 국제 · 문화 · 예술 · 체육 행사장

사. 「행정대집행법」에 따라 대집행을 하는 장소

제3조(법인) 경비업은 법인이 아니면 이를 영위할 수 없다.

제2장 경비업의 허가 등

제4조(경비업의 허가) ①경비업을 영위하고자 하는 법인은 도급받아 행하고자 하는 경비업무를 특정하여 그 법인의 주사무소의 소재지를 관할하는 시 · 도경찰청장의 허가를 받아야 한다. 도급받아 행하고자 하는 경비업무를 변경하는 경우에도 또한 같다. 〈개정 2020. 12. 22.〉

② 제1항에 따른 허가를 받고자 하는 법인은 다음 각 호의 요건을 갖추어야 한다. 〈개정 2013. 6. 7.〉

1. 대통령령으로 정하는 1억원 이상의 자본금의 보유
2. 다음 각 목의 경비인력 요건
   가. 시설경비업무: 경비원 20명 이상 및 경비지도사 1명 이상
   나. 시설경비업무 외의 경비업무: 대통령령으로 정하는 경비 인력
3. 제2호의 경비인력을 교육할 수 있는 교육장을 포함하여 대통령령으로 정하는 시설과 장비의 보유
4. 그 밖에 경비업무 수행을 위하여 대통령령으로 정하는 사항

③제1항의 규정에 의하여 경비업의 허가를 받은 법인은 다음 각호의 1에 해당하는 때에는 시 · 도경찰청장에게 신고하여야 한다. 〈개정 2020. 12. 22.〉

1. 영업을 폐업하거나 휴업한 때
2. 법인의 명칭이나 대표자 · 임원을 변경한 때
3. 법인의 주사무소나 출장소를 신설 · 이전 또는 폐지한 때
4. 기계경비업무의 수행을 위한 관제시설을 신설 · 이전 또는 폐지한 때
5. 특수경비업무를 개시하거나 종료한 때
6. 그 밖에 대통령령이 정하는 중요사항을 변경한 때

④제1항 및 제3항의 규정에 의한 허가 또는 신고의 절차, 신고의 기한 등 허가 및 신고에 관하여 필요한 사항은 대통령령으로 정한다.

제4조의2(허가의 제한) ①누구든지 제4조제1항에 따른 허가를 받은 경비업체와 동일한

명칭으로 경비업 허가를 받을 수 없다.

② 제19조제1항제2호 및 제7호의 사유로 경비업체의 허가가 취소된 경우 허가가 취소된 날부터 10년이 지나지 아니한 때에는 누구든지 허가가 취소된 경비업체와 동일한 명칭으로 제4조제1항에 따른 허가를 받을 수 없다.

③ 제19조제1항제2호 및 제7호의 사유로 허가가 취소된 법인은 법인명 또는 임원의 변경에도 불구하고 허가가 취소된 날부터 5년이 지나지 아니한 때에는 제4조제1항에 따른 허가를 받을 수 없다.

[본조신설 2013. 6. 7.]

제5조(임원의 결격사유) 다음 각 호의 어느 하나에 해당하는 자는 경비업을 영위하는 법인(제4호에 해당하는 자의 경우에는 특수경비업무를 수행하는 법인을 말하고, 제5호에 해당하는 자의 경우에는 허가취소사유에 해당하는 경비업무와 동종의 경비업무를 수행하는 법인을 말한다)의 임원이 될 수 없다. 〈개정 2008. 2. 29., 2013. 6. 7., 2014. 12. 30., 2021. 1. 12.〉

1. 피성년후견인
2. 파산선고를 받고 복권되지 아니한 자
3. 금고 이상의 형의 선고를 받고 그 형이 실효되지 아니한 자
4. 이 법 또는 「대통령 등의 경호에 관한 법률」에 위반하여 벌금형의 선고를 받고 3년이 지나지 아니한 자
5. 이 법(제19조제1항제2호 및 제7호는 제외한다) 또는 이 법에 의한 명령에 위반하여 허가가 취소된 법인의 허가취소 당시의 임원이었던 자로서 그 취소 후 3년이 지나지 아니한 자
6. 제19조제1항제2호 및 제7호의 사유로 허가가 취소된 법인의 허가취소 당시의 임원이었던 자로서 허가가 취소된 날부터 5년이 지나지 아니한 자

제6조(허가의 유효기간 등) ①제4조제1항의 규정에 의한 경비업 허가의 유효기간은 허가받은 날부터 5년으로 한다.

②제1항의 규정에 의한 유효기간이 만료된 후 계속하여 경비업을 하고자 하는 법인은 행정안전부령으로 정하는 바에 따라 갱신허가를 받아야 한다. 〈개정 2008. 2. 29., 2013. 3. 23., 2014. 11. 19., 2017. 7. 26.〉

제7조(경비업자의 의무) ①경비업자는 경비대상시설의 소유자 또는 관리자(이하 "시설주"라 한다)의 관리권의 범위안에서 경비업무를 수행하여야 하며, 다른 사람의 자유와 권리를 침해하거나 그의 정당한 활동에 간섭하여서는 아니된다.

②경비업자는 경비업무를 성실하게 수행하여야 하고, 도급을 의뢰받은 경비업무가 위법 또는 부당한 것일 때에는 이를 거부하여야 한다.

③경비업자는 불공정한 계약으로 경비원의 권익을 침해하거나 경비업의 건전한 육성과 발전을 해치는 행위를 하여서는 아니된다.

④경비업자의 임 · 직원이거나 임 · 직원이었던 자는 다른 법률에 특별한 규정이 있는 경우를 제외하고는 그 직무상 알게 된 비밀을 누설하거나 다른 사람에게 제공하여 이용하도록 하는 등 부당한 목적을 위하여 사용하여서는 아니된다.

⑤경비업자는 허가받은 경비업무외의 업무에 경비원을 종사하게 하여서는 아니된다.

⑥경비업자는 집단민원현장에 경비원을 배치하는 때에는 경비지도사를 선임하고 그 장소에 배치하여 행정안전부령으로 정하는 바에 따라 경비원을 지도 · 감독하게 하여야 한다. 〈신설 2013. 6. 7., 2014. 11. 19., 2017. 7. 26.〉

⑦특수경비업무를 수행하는 경비업자(이하 "특수경비업자"라 한다)는 제4조제3항제5호의 규정에 의한 특수경비업무의 개시신고를 하는 때에는 국가중요시설에 대한 특수경비업무의 수행이 중단되는 경우 시설주의 동의를 얻어 다른 특수경비업자중에서 경비업무를 대행할 자(이하 "경비대행업자"라 한다)를 지정하여 허가관청에 신고하여야 한다. 경비대행업자의 지정을 변경하는 경우에도 또한 같다. 〈개정 2013. 6. 7.〉

⑧특수경비업자는 국가중요시설에 대한 특수경비업무를 중단하게 되는 경우에는 미리 이를 제7항의 규정에 의한 경비대행업자에게 통보하여야 하며, 경비대행업자는 통보받은 즉시 그 경비업무를 인수하여야 한다. 이 경우 제7항의 규정은 경비대행업자

에 대하여 이를 준용한다. 〈개정 2013. 6. 7., 2014. 12. 30.〉

⑨특수경비업자는 이 법에 의한 경비업과 경비장비의 제조 · 설비 · 판매업, 네트워크를 활용한 정보산업, 시설물 유지관리업 및 경비원 교육업 등 대통령령이 정하는 경비관련업외의 영업을 하여서는 아니된다. 〈개정 2002. 12. 18., 2013. 6. 7.〉

[2002. 12. 18. 법률 제6787호에 의하여 2002. 4. 25. 헌법재판소에서 위헌 결정된 이 조를 개정함.]

제7조의2(경비업무 도급인 등의 의무) ①누구든지 제4조제1항에 따른 허가를 받지 아니한 자에게 경비업무를 도급하여서는 아니 된다.

② 누구든지 집단민원현장에 경비인력을 20명 이상 배치하려고 할 때에는 그 경비인력을 직접 고용하여서는 아니 되고, 경비업자에게 경비업무를 도급하여야 한다. 다만, 시설주 등이 집단민원현장 발생 3개월 전까지 직접 고용하여 경비업무를 수행하는 피고용인의 경우에는 그러하지 아니하다.

③ 제1항 및 제2항에 따라 경비업무를 도급하는 자는 그 경비업무를 수급한 경비업자의 경비원 채용 시 무자격자나 부적격자 등을 채용하도록 관여하거나 영향력을 행사해서는 아니 된다. 〈신설 2015. 7. 20.〉

④ 제3항에 따른 무자격자 및 부적격자의 구체적인 범위 등은 대통령령으로 정한다. 〈신설 2015. 7. 20.〉

[본조신설 2013. 6. 7.]

제3장 기계경비업무

제8조(대응체제) 기계경비업무를 수행하는 경비업자(이하 "기계경비업자"라 한다)는 경비대상시설에 관한 경보를 수신한 때에는 신속하게 그 사실을 확인하는 등 필요한 대응조치를 취하여야 하며, 이를 위한 대응체제를 갖추어야 한다.

제9조(오경보의 방지 등) ①기계경비업자는 경비계약을 체결하는 때에는 오경보를 막기 위하여 계약상대방에게 기기사용요령 및 기계경비운영체계 등에 관하여 설명하여야

하며, 각종 기기가 오작동되지 아니하도록 관리하여야 한다.

②기계경비업자는 대응조치 등 업무의 원활한 운영과 개선을 위하여 대통령령이 정하는 바에 따라 관련 서류를 작성 · 비치하여야 한다.

제4장 경비지도사 및 경비원

제10조(경비지도사 및 경비원의 결격사유) ①다음 각 호의 어느 하나에 해당하는 자는 경비지도사 또는 일반경비원이 될 수 없다. 〈개정 2013. 6. 7., 2014. 12. 30., 2021. 1. 12.〉

1. 18세 미만인 사람 또는 피성년후견인
2. 파산선고를 받고 복권되지 아니한 자
3. 금고 이상의 실형의 선고를 받고 그 집행이 종료(집행이 종료된 것으로 보는 경우를 포함한다)되거나 집행이 면제된 날부터 5년이 지나지 아니한 자
4. 금고 이상의 형의 집행유예선고를 받고 그 유예기간중에 있는 자
5. 다음 각 목의 어느 하나에 해당하는 죄를 범하여 벌금형을 선고받은 날부터 10년이 지나지 아니하거나 금고 이상의 형을 선고받고 그 집행이 종료된(종료된 것으로 보는 경우를 포함한다) 날 또는 집행이 유예 · 면제된 날부터 10년이 지나지 아니한 자

   가.「형법」제114조의 죄

   나.「폭력행위 등 처벌에 관한 법률」제4조의 죄

   다.「형법」제297조, 제297조의2, 제298조부터 제301조까지, 제301조의2, 제302조, 제303조, 제305조, 제305조의2의 죄

   라.「성폭력범죄의 처벌 등에 관한 특례법」제3조부터 제11조까지 및 제15조(제3조부터 제9조까지의 미수범만 해당한다)의 죄

   마.「아동 · 청소년의 성보호에 관한 법률」제7조 및 제8조의 죄

   바. 다목부터 마목까지의 죄로서 다른 법률에 따라 가중처벌되는 죄
6. 다음 각 목의 어느 하나에 해당하는 죄를 범하여 벌금형을 선고받은 날부터 5년이

지나지 아니하거나 금고 이상의 형을 선고받고 그 집행이 유예된 날부터 5년이 지나지 아니한 자

가. 「형법」 제329조부터 제331조까지, 제331조의2 및 제332조부터 제343조까지의 죄

나. 가목의 죄로서 다른 법률에 따라 가중처벌되는 죄

다. 삭제 〈2014. 12. 30.〉

라. 삭제 〈2014. 12. 30.〉

7. 제5호 다목부터 바목까지의 어느 하나에 해당하는 죄를 범하여 치료감호를 선고받고 그 집행이 종료된 날 또는 집행이 면제된 날부터 10년이 지나지 아니한 자 또는 제6호 각 목의 어느 하나에 해당하는 죄를 범하여 치료감호를 선고받고 그 집행이 면제된 날부터 5년이 지나지 아니한 자

8. 이 법이나 이 법에 따른 명령을 위반하여 벌금형을 선고받은 날부터 5년이 지나지 아니하거나 금고 이상의 형을 선고받고 그 집행이 유예된 날부터 5년이 지나지 아니한 자

②다음 각 호의 어느 하나에 해당하는 자는 특수경비원이 될 수 없다. 〈개정 2008. 2. 29., 2009. 4. 1., 2013. 3. 23., 2013. 6. 7., 2014. 11. 19., 2014. 12. 30., 2017. 7. 26., 2021. 1. 12.〉

1. 18세 미만이거나 60세 이상인 사람 또는 피성년후견인
2. 제1항제2호부터 제8호까지의 어느 하나에 해당하는 자
3. 금고 이상의 형의 선고유예를 받고 그 유예기간중에 있는 자
4. 행정안전부령으로 정하는 신체조건에 미달되는 자

③경비업자는 제1항 각호 또는 제2항 각호의 결격사유에 해당하는 자를 경비지도사 또는 경비원으로 채용 또는 근무하게 하여서는 아니된다.

제10조(경비지도사 및 경비원의 결격사유) ①다음 각 호의 어느 하나에 해당하는 자는 경비지도사 또는 일반경비원이 될 수 없다. 〈개정 2013. 6. 7., 2014. 12. 30.,

2021. 1. 12.〉

1. 18세 미만인 사람 또는 피성년후견인
2. 파산선고를 받고 복권되지 아니한 자
3. 금고 이상의 실형의 선고를 받고 그 집행이 종료(집행이 종료된 것으로 보는 경우를 포함한다)되거나 집행이 면제된 날부터 5년이 지나지 아니한 자
4. 금고 이상의 형의 집행유예선고를 받고 그 유예기간중에 있는 자
5. 다음 각 목의 어느 하나에 해당하는 죄를 범하여 벌금형을 선고받은 날부터 10년이 지나지 아니하거나 금고 이상의 형을 선고받고 그 집행이 종료된(종료된 것으로 보는 경우를 포함한다) 날 또는 집행이 유예 · 면제된 날부터 10년이 지나지 아니한 자

   가. 「형법」 제114조의 죄

   나. 「폭력행위 등 처벌에 관한 법률」 제4조의 죄

   다. 「형법」 제297조, 제297조의2, 제298조부터 제301조까지, 제301조의2, 제302조, 제303조, 제305조, 제305조의2의 죄

   라. 「성폭력범죄의 처벌 등에 관한 특례법」 제3조부터 제11조까지 및 제15조(제3조부터 제9조까지의 미수범만 해당한다)의 죄

   마. 「아동 · 청소년의 성보호에 관한 법률」 제7조 및 제8조의 죄

   바. 다목부터 마목까지의 죄로서 다른 법률에 따라 가중처벌되는 죄
6. 다음 각 목의 어느 하나에 해당하는 죄를 범하여 벌금형을 선고받은 날부터 5년이 지나지 아니하거나 금고 이상의 형을 선고받고 그 집행이 유예된 날부터 5년이 지나지 아니한 자

   가. 「형법」 제329조부터 제331조까지, 제331조의2 및 제332조부터 제343조까지의 죄

   나. 가목의 죄로서 다른 법률에 따라 가중처벌되는 죄

   다. 삭제 〈2014. 12. 30.〉

라. 삭제 〈2014. 12. 30.〉

7. 제5호 다목부터 바목까지의 어느 하나에 해당하는 죄를 범하여 치료감호를 선고받고 그 집행이 종료된 날 또는 집행이 면제된 날부터 10년이 지나지 아니한 자 또는 제6호 각 목의 어느 하나에 해당하는 죄를 범하여 치료감호를 선고받고 그 집행이 면제된 날부터 5년이 지나지 아니한 자

8. 이 법이나 이 법에 따른 명령을 위반하여 벌금형을 선고받은 날부터 5년이 지나지 아니하거나 금고 이상의 형을 선고받고 그 집행이 유예된 날부터 5년이 지나지 아니한 자

②다음 각 호의 어느 하나에 해당하는 자는 특수경비원이 될 수 없다. 〈개정 2008. 2. 29., 2009. 4. 1., 2013. 3. 23., 2013. 6. 7., 2014. 11. 19., 2014. 12. 30., 2017. 7. 26., 2021. 1. 12.〉

1. 18세 미만이거나 60세 이상인 사람 또는 피성년후견인
2. 심신상실자, 알코올 중독자 등 대통령령으로 정하는 정신적 제약이 있는 자
3. 제1항제2호부터 제8호까지의 어느 하나에 해당하는 자
4. 금고 이상의 형의 선고유예를 받고 그 유예기간중에 있는 자
5. 행정안전부령으로 정하는 신체조건에 미달되는 자

③경비업자는 제1항 각호 또는 제2항 각호의 결격사유에 해당하는 자를 경비지도사 또는 경비원으로 채용 또는 근무하게 하여서는 아니된다.

[시행일 : 2021. 7. 13.] 제10조제2항제2호

제11조(경비지도사의 시험 등) ①경비지도사는 제10조제1항 각호의 1에 해당하지 아니하는 자로서 경찰청장이 시행하는 경비지도사시험에 합격하고 행정안전부령으로 정하는 교육을 받은 자이어야 한다. 〈개정 2008. 2. 29., 2013. 3. 23., 2014. 11. 19., 2017. 7. 26.〉

②경찰청장은 제1항의 규정에 의한 교육을 받은 자에게 행정안전부령으로 정하는 바에 따라 경비지도사자격증을 교부하여야 한다. 〈개정 2008. 2. 29., 2013. 3. 23.,

2014. 11. 19., 2017. 7. 26.〉

③경비지도사시험은 매년 1회 이상 시행하며, 시험과목, 시험공고, 시험의 일부가 면제되는 자의 범위 그 밖에 경비지도사시험에 관하여 필요한 사항은 대통령령으로 정한다. 〈개정 2017. 10. 24.〉

제12조(경비지도사의 선임 등) ①경비업자는 대통령령이 정하는 바에 따라 경비지도사를 선임하여야 한다.

②제1항의 규정에 의하여 선임된 경비지도사의 직무는 다음과 같다. 〈개정 2013. 6. 7.〉

1. 경비원의 지도 · 감독 · 교육에 관한 계획의 수립 · 실시 및 그 기록의 유지
2. 경비현장에 배치된 경비원에 대한 순회점검 및 감독
3. 경찰기관 및 소방기관과의 연락방법에 대한 지도
4. 집단민원현장에 배치된 경비원에 대한 지도 · 감독
5. 그 밖에 대통령령이 정하는 직무

③선임된 경비지도사는 제2항 각호의 규정에 의한 직무를 대통령령이 정하는 바에 따라 성실하게 수행하여야 한다.

제13조(경비원의 교육 등) ①경비업자는 경비업무를 적정하게 실시하기 위하여 경비원으로 하여금 대통령령으로 정하는 바에 따라 경비원 신임교육 및 직무교육을 받게 하여야 한다. 다만, 경비업자는 대통령령으로 정하는 경력 또는 자격을 갖춘 일반경비원을 신임교육 대상에서 제외할 수 있다. 〈개정 2013. 6. 7., 2016. 1. 26.〉

② 경비원이 되려는 사람은 대통령령으로 정하는 교육기관에서 미리 일반경비원 신임교육을 받을 수 있다. 〈신설 2016. 1. 26.〉

③ 특수경비업자는 대통령령으로 정하는 바에 따라 특수경비원으로 하여금 특수경비원 신임교육과 정기적인 직무교육을 받게 하여야 하고, 특수경비원 신임교육을 받지 아니한 자를 특수경비업무에 종사하게 하여서는 아니 된다. 〈개정 2013. 6. 7., 2016. 1. 26.〉

④제3항에 의한 특수경비원의 교육시 관할경찰서 소속 경찰공무원이 교육기관에 입회하여 대통령령이 정하는 바에 따라 지도 · 감독하여야 한다. 〈개정 2016. 1. 26.〉

제14조(특수경비원의 직무 및 무기사용 등) ①특수경비업자는 특수경비원으로 하여금 배치된 경비구역안에서 관할 경찰서장 및 공항경찰대장 등 국가중요시설의 경비책임자(이하 "관할 경찰관서장"이라 한다)와 국가중요시설의 시설주의 감독을 받아 시설을 경비하고 도난 · 화재 그 밖의 위험의 발생을 방지하는 업무를 수행하게 하여야 한다.

②특수경비원은 국가중요시설에 대한 경비업무 수행중 국가중요시설의 정상적인 운영을 해치는 장해를 일으켜서는 아니된다.

③시 · 도경찰청장은 국가중요시설에 대한 경비업무의 수행을 위하여 필요하다고 인정하는 때에는 시설주의 신청에 의하여 무기를 구입한다. 이 경우 시설주는 그 무기의 구입대금을 지불하고, 구입한 무기를 국가에 기부채납하여야 한다. 〈개정 2020. 12. 22.〉

④시 · 도경찰청장은 국가중요시설에 대한 경비업무의 수행을 위하여 필요하다고 인정하는 때에는 관할경찰관서장으로 하여금 시설주의 신청에 의하여 시설주로부터 국가에 기부채납된 무기를 대여하게 하고, 시설주는 이를 특수경비원으로 하여금 휴대하게 할 수 있다. 이 경우 특수경비원은 정당한 사유없이 무기를 소지하고 배치된 경비구역을 벗어나서는 아니된다. 〈개정 2020. 12. 22.〉

⑤시설주가 제4항의 규정에 의하여 대여받은 무기에 대하여 시설주 및 관할 경찰관서장은 무기의 관리책임을 지고, 관할 경찰관서장은 시설주 및 특수경비원의 무기관리상황을 대통령령이 정하는 바에 따라 지도 · 감독하여야 한다. 〈개정 2014. 12. 30.〉

⑥관할 경찰관서장은 무기의 적정한 관리를 위하여 제4항의 규정에 의하여 무기를 대여받은 시설주에 대하여 필요한 명령을 발할 수 있다. 〈개정 2014. 12. 30.〉

⑦시설주로부터 무기의 관리를 위하여 지정받은 책임자(이하 "관리책임자"라 한다)는 다음 각호에 의하여 이를 관리하여야 한다.

1. 무기출납부 및 무기장비운영카드를 비치 · 기록하여야 한다.

2. 무기는 관리책임자가 직접 지급 · 회수하여야 한다.

⑧특수경비원은 국가중요시설의 경비를 위하여 무기를 사용하지 아니하고는 다른 수단이 없다고 인정되는 때에는 필요한 한도안에서 무기를 사용할 수 있다. 다만, 다음 각호의 1에 해당하는 때를 제외하고는 사람에게 위해를 끼쳐서는 아니된다.

1. 무기 또는 폭발물을 소지하고 국가중요시설에 침입한 자가 특수경비원으로부터 3회 이상 투기(投棄) 또는 투항(投降)을 요구받고도 이에 불응하면서 계속 항거하는 경우 이를 억제하기 위하여 무기를 사용하지 아니하고는 다른 수단이 없다고 인정되는 때
2. 국가중요시설에 침입한 무장간첩이 특수경비원으로부터 투항(投降)을 요구받고도 이에 불응한 때

⑨특수경비원의 무기휴대, 무기종류, 그 사용기준 및 안전검사의 기준 등에 관하여 필요한 사항은 대통령령으로 정한다.

제15조(특수경비원의 의무) ①특수경비원은 직무를 수행함에 있어 시설주 · 관할 경찰관서장 및 소속상사의 직무상 명령에 복종하여야 한다.

②특수경비원은 소속상사의 허가 또는 정당한 사유없이 경비구역을 벗어나서는 아니된다.

③특수경비원은 파업 · 태업 그 밖에 경비업무의 정상적인 운영을 저해하는 일체의 쟁의행위를 하여서는 아니된다.

④특수경비원이 무기를 휴대하고 경비업무를 수행하는 때에는 다음 각호의 1에 정하는 무기의 안전사용수칙을 지켜야 한다.

1. 특수경비원은 사람을 향하여 권총 또는 소총을 발사하고자 하는 때에는 미리 구두 또는 공포탄에 의한 사격으로 상대방에게 경고하여야 한다. 다만, 다음 각목의 1에 해당하는 경우로서 부득이한 때에는 경고하지 아니할 수 있다.
   가. 특수경비원을 급습하거나 타인의 생명 · 신체에 대한 중대한 위험을 야기하는 범행이 목전에 실행되고 있는 등 상황이 급박하여 경고할 시간적 여유가 없는

경우

나. 인질 · 간첩 또는 테러사건에 있어서 은밀히 작전을 수행하는 경우

2. 특수경비원은 무기를 사용하는 경우에 있어서 범죄와 무관한 다중의 생명 · 신체에 위해를 가할 우려가 있는 때에는 이를 사용하여서는 아니된다. 다만, 무기를 사용하지 아니하고는 타인 또는 특수경비원의 생명 · 신체에 대한 중대한 위협을 방지할 수 없다고 인정되는 때에는 필요한 최소한의 범위 안에서 이를 사용할 수 있다.

3. 특수경비원은 총기 또는 폭발물을 가지고 대항하는 경우를 제외하고는 14세 미만의 자 또는 임산부에 대하여는 권총 또는 소총을 발사하여서는 아니된다.

第15조의2(경비원 등의 의무) ①경비원은 직무를 수행함에 있어 타인에게 위력을 과시하거나 물리력을 행사하는 등 경비업무의 범위를 벗어난 행위를 하여서는 아니된다.

②누구든지 경비원으로 하여금 경비업무의 범위를 벗어난 행위를 하게 하여서는 아니된다.

[본조신설 2005. 8. 4.]

第16조(경비원의 복장 등) ①경비업자는 경찰공무원 또는 군인의 제복과 색상 및 디자인 등이 명확히 구별되는 소속 경비원의 복장을 정하고 이를 확인할 수 있는 사진을 첨부하여 주된 사무소를 관할하는 시 · 도경찰청장에게 행정안전부령으로 정하는 바에 따라 신고하여야 한다. 〈개정 2014. 11. 19., 2017. 7. 26., 2020. 12. 22.〉

② 경비업자는 경비업무 수행 시 경비원에게 소속 경비업체를 표시한 이름표를 부착하도록 하고, 제1항에 따라 신고된 동일한 복장을 착용하게 하여야 하며, 복장에 소속 회사를 오인할 수 있는 표시를 하거나 다른 회사의 복장을 착용하게 하여서는 아니 된다. 다만, 집단민원현장이 아닌 곳에서 신변보호업무를 수행하는 경우 또는 경비업무의 성격상 부득이한 사유가 있어 관할 경찰관서장이 허용하는 경우에는 그러하지 아니하다.

③ 시 · 도경찰청장은 제1항에 따라 제출받은 사진을 검토한 후 경비업자에게 복장 변경 등에 대한 시정명령을 할 수 있다. 〈개정 2020. 12. 22.〉

④ 제3항에 따른 시정명령을 받은 경비업자는 이를 이행하여야 하고, 시 · 도경찰청장에게 행정안전부령으로 정하는 바에 따라 이행보고를 하여야 한다. 〈개정 2014. 11. 19., 2017. 7. 26., 2020. 12. 22.〉

⑤ 그 밖에 경비원의 복장 등에 필요한 사항은 행정안전부령으로 정한다. 〈개정 2014. 11. 19., 2017. 7. 26.〉

[전문개정 2013. 6. 7.]

제16조의2(경비원의 장비 등) ①경비원이 휴대할 수 있는 장비의 종류는 경적 · 단봉 · 분사기 등 행정안전부령으로 정하되, 근무 중에만 이를 휴대할 수 있다. 〈개정 2014. 11. 19., 2017. 7. 26.〉

② 경비업자가 경비원으로 하여금 분사기를 휴대하여 직무를 수행하게 하는 경우에는 「총포 · 도검 · 화약류 등 단속법」에 따라 미리 분사기의 소지허가를 받아야 한다.

③ 누구든지 제1항의 장비를 임의로 개조하여 통상의 용법과 달리 사용함으로써 다른 사람의 생명 · 신체에 위해를 가하여서는 아니 된다.

④ 경비원은 경비업무를 위하여 필요하다고 인정되는 상당한 이유가 있을 때에는 필요한 최소한도에서 제1항의 장비를 사용할 수 있다.

⑤ 그 밖에 경비원의 장비 등에 관하여 필요한 사항은 행정안전부령으로 정한다. 〈개정 2014. 11. 19., 2017. 7. 26.〉

[본조신설 2013. 6. 7.]

제16조의3(출동차량 등) ①경비업자는 출동차량 등의 도색 및 표지를 경찰차량 및 군차량과 명확히 구별될 수 있게 하여야 한다.

②경비업자는 출동차량 등의 도색 및 표지를 정하고 이를 확인할 수 있는 사진을 첨부하여 주된 사무소를 관할하는 시 · 도경찰청장에게 행정안전부령으로 정하는 바에 따라 신고하여야 한다. 〈개정 2014. 11. 19., 2017. 7. 26., 2020. 12. 22.〉

③시 · 도경찰청장은 제2항에 따라 제출받은 사진을 검토한 후 경비업자에게 도색 및 표지 변경 등에 대한 시정명령을 할 수 있다. 〈개정 2020. 12. 22.〉

④제3항에 따른 시정명령을 받은 경비업자는 이를 이행하여야 하고, 시 · 도경찰청장에게 행정안전부령으로 정하는 바에 따라 이행보고를 하여야 한다. 〈개정 2014. 11. 19., 2017. 7. 26., 2020. 12. 22.〉

⑤그 밖에 출동차량 등에 필요한 사항은 행정안전부령으로 정한다. 〈개정 2014. 11. 19., 2017. 7. 26.〉

[본조신설 2013. 6. 7.]

제17조(결격사유 확인을 위한 범죄경력조회 등) ①경찰청장, 시 · 도경찰청장 또는 관할 경찰관서장은 직권으로 또는 제2항에 따른 범죄경력조회 요청이 있는 경우에는 경비업자의 임원, 경비지도사 또는 경비원이 제5조제3호 · 제4호, 제10조제1항제3호부터 제8호까지 또는 같은 조 제2항제2호 · 제3호에 따른 결격사유에 해당하는지를 확인하기 위하여 「형의 실효 등에 관한 법률」 제6조에 따른 범죄경력조회를 할 수 있다. 〈개정 2020. 12. 22.〉

②경비업자는 선출 · 선임 · 채용 또는 배치하려는 임원, 경비지도사 또는 경비원이 제5조제3호 · 제4호, 제10조제1항제3호부터 제8호까지 또는 같은 조 제2항제2호 · 제3호에 따른 결격사유에 해당하는지를 확인하기 위하여 주된 사무소, 출장소 또는 배치장소를 관할하는 시 · 도경찰청장 또는 경찰관서장에게 「형의 실효 등에 관한 법률」 제6조에 따른 범죄경력조회를 요청할 수 있다. 〈개정 2020. 12. 22.〉

③제2항에 따른 범죄경력조회 요청을 받은 시 · 도경찰청장 또는 관할 경찰관서장은 경비업자에게 그 결과를 통보할 때에는 경비업자의 임원, 경비지도사 또는 경비원이 제5조제3호 · 제4호, 제10조제1항제3호부터 제8호까지 또는 같은 조 제2항제2호 · 제3호에 따른 결격사유에 해당하는지 여부만을 통보하여야 한다. 〈개정 2020. 12. 22.〉

④시 · 도경찰청장 또는 관할 경찰관서장은 경비업자의 임원, 경비지도사 또는 경비원이 제5조 각 호, 제10조제1항 각 호 또는 제2항 각 호의 결격사유에 해당하는 사실을 알게 되거나 이 법 또는 이 법에 따른 명령을 위반한 때에는 경비업자에게 그 사실을

통보하여야 한다. 〈개정 2020. 12. 22.〉

[전문개정 2013. 6. 7.]

제18조(경비원의 명부와 배치허가 등) ①경비업자는 행정안전부령으로 정하는 바에 따라 경비원의 명부를 작성 · 비치하여야 한다. 다만, 집단민원현장에 배치되는 일반경비원의 명부는 그 경비원이 배치되는 장소에도 작성 · 비치하여야 한다. 〈개정 2008. 2. 29., 2013. 3. 23., 2013. 6. 7., 2014. 11. 19., 2017. 7. 26.〉

②경비업자가 경비원을 배치하거나 배치를 폐지한 경우에는 행정안전부령으로 정하는 바에 따라 관할 경찰관서장에게 신고하여야 한다. 다만, 다음 제1호의 경우에는 경비원을 배치하기 48시간 전까지 행정안전부령으로 정하는 바에 따라 배치허가를 신청하고, 관할 경찰관서장의 배치허가를 받은 후에 경비원을 배치하여야 하며(제2호 및 제3호의 경우에는 경비원을 배치하기 전까지 신고하여야 한다), 이 경우 관할 경찰관서장은 배치허가를 함에 있어 필요한 조건을 붙일 수 있다. 〈개정 2005. 8. 4., 2008. 2. 29., 2013. 3. 23., 2013. 6. 7., 2014. 11. 19., 2017. 7. 26.〉

1. 제2조제1호가목에 따른 시설경비업무 또는 같은 호 다목에 따른 신변보호업무 중 집단민원현장에 배치된 일반경비원
2. 집단민원현장이 아닌 곳에서 제2조제1호 다목의 규정에 의한 신변보호업무를 수행하는 일반경비원
3. 특수경비원

③관할 경찰관서장은 제2항 각 호 외의 부분 단서에 따른 배치허가 신청을 받은 경우 다음 각 호의 사유에 해당하는 때에는 배치허가를 하여서는 아니 된다. 이 경우 관할 경찰관서장은 다음 각 호의 사유를 확인하기 위하여 소속 경찰관으로 하여금 그 배치장소를 방문하여 조사하게 할 수 있다. 〈신설 2013. 6. 7.〉

1. 제15조의2제1항 및 제2항을 위반하여 경비업무의 범위를 벗어난 행위를 할 우려가 있는 경우
2. 경비원 중 제10조제1항 또는 제2항에 해당하는 결격자나 제13조에 따른 신임교육

을 받지 아니한 사람이 대통령령으로 정하는 기준 이상으로 포함되어 있는 경우

3. 제24조에 따라 경비원의 복장 · 장비 등에 대하여 내려진 필요한 명령을 이행하지 아니하는 경우

④제2항 각 호 외의 부분 단서에 따른 배치허가 신청을 받은 관할 경찰관서장은 배치되는 경비원 중 제10조제1항 또는 제2항에 해당하는 결격자가 있는 경우에는 그 사람을 제외하고 배치허가를 하여야 한다. 〈신설 2013. 6. 7.〉

⑤ 경비업자는 경비원을 배치하여 경비업무를 수행하게 하는 때에는 행정안전부령으로 정하는 바에 따라 배치된 경비원의 인적사항과 배치일시 · 배치장소 등 근무상황을 기록하여 보관하여야 한다. 〈신설 2013. 6. 7., 2014. 11. 19., 2017. 7. 26.〉

⑥경비업자는 다음 각 호의 어느 하나에 해당하는 죄를 범하여 벌금형을 선고받고 5년이 지나지 아니하거나 금고 이상의 형을 선고받고 그 집행이 유예된 날부터 5년이 지나지 아니한 자를 집단민원현장에 일반경비원으로 배치하여서는 아니 된다. 〈신설 2013. 6. 7., 2016. 1. 6.〉

1. 「형법」 제257조부터 제262조까지, 제264조, 제276조부터 제281조까지의 죄, 제284조의 죄, 제285조의 죄, 제320조의 죄, 제324조제2항의 죄, 제350조의2의 죄, 제351조의 죄(제350조, 제350조의2의 상습범으로 한정한다), 제369조제1항의 죄
2. 「폭력행위 등 처벌에 관한 법률」 제2조 또는 제3조의 죄

⑦경비업자는 제1항에 따른 경비원 명부에 없는 자를 경비업무에 종사하게 하여서는 아니 되고, 제2항에 따라 경비원을 배치하는 경우에는 제13조에 따른 신임교육을 이수한 자를 배치하여야 한다. 〈신설 2013. 6. 7.〉

⑧ 관할 경찰관서장은 경비업자가 다음 각 호의 어느 하나에 해당하는 때에는 배치폐지를 명할 수 있다. 〈신설 2013. 6. 7.〉

1. 제2항 각 호 외의 부분 단서를 위반하여 배치허가를 받지 아니하고 경비원을 배치하거나 경비원 명단 및 배치일시 · 배치장소 등 배치허가 신청의 내용을 거짓으로 한 때

2. 제6항의 결격사유에 해당하는 자를 집단민원현장에 일반경비원으로 배치한 때
3. 제7항을 위반하여 신임교육을 이수하지 아니한 자를 제2항 각 호의 경비원으로 배치한 때
4. 경비업자 또는 경비원이 위력이나 흉기 또는 그 밖의 위험한 물건을 사용하여 집단적 폭력사태를 일으킨 때
5. 경비업자가 제2항 각 호 외의 부분 본문을 위반하여 신고하지 아니하고 일반경비원을 배치한 때

[제목개정 2013. 6. 7.]

제5장 행정처분 등

제19조(경비업 허가의 취소 등) ①허가관청은 경비업자가 다음 각 호의 어느 하나에 해당하는 때에는 그 허가를 취소하여야 한다. 〈개정 2002. 12. 18., 2013. 6. 7., 2017. 10. 24.〉

1. 허위 그 밖의 부정한 방법으로 허가를 받은 때
2. 제7조제5항의 규정에 위반하여 허가받은 경비업무외의 업무에 경비원을 종사하게 한 때
3. 제7조제9항의 규정에 위반하여 경비업 및 경비관련업외의 영업을 한 때
4. 정당한 사유없이 허가를 받은 날부터 2년 이내에 경비 도급실적이 없거나 계속하여 1년 이상 휴업한 때
5. 정당한 사유없이 최종 도급계약 종료일의 다음 날부터 2년 이내에 경비 도급실적이 없을 때
6. 영업정지처분을 받고 계속하여 영업을 한 때
7. 제15조의2제2항을 위반하여 소속 경비원으로 하여금 경비업무의 범위를 벗어난 행위를 하게 한 때
8. 제18조제8항에 따른 관할 경찰관서장의 배치폐지 명령에 따르지 아니한 때

② 허가관청은 경비업자가 다음 각 호의 어느 하나에 해당하는 때에는 대통령령으로 정하는 행정처분의 기준에 따라 그 허가를 취소하거나 6개월 이내의 기간을 정하여 영업의 전부 또는 일부에 대하여 영업정지를 명할 수 있다. 〈신설 2013. 6. 7., 2020. 12. 22.〉

1. 제4조제1항 후단을 위반하여 시·도경찰청장의 허가 없이 경비업무를 변경한 때
2. 제7조제2항을 위반하여 도급을 의뢰받은 경비업무가 위법한 것임에도 이를 거부하지 아니한 때
3. 제7조제6항을 위반하여 경비지도사를 집단민원현장에 선임·배치하지 아니한 때
4. 제8조를 위반하여 경비대상 시설에 관한 경보 대응체제를 갖추지 아니한 때
5. 제9조제2항을 위반하여 관련 서류를 작성·비치하지 아니한 때
6. 제10조제3항을 위반하여 결격사유에 해당하는 경비원을 배치하거나 결격사유에 해당하는 경비지도사를 선임·배치한 때
7. 제12조제1항을 위반하여 경비지도사를 선임한 때
8. 제13조를 위반하여 경비원으로 하여금 교육을 받게 하지 아니한 때
9. 제16조에 따른 경비원의 복장 등에 관한 규정을 위반한 때
10. 제16조의2에 따른 경비원의 장비 등에 관한 규정을 위반한 때
11. 제16조의3에 따른 경비원의 출동차량 등에 관한 규정을 위반한 때
12. 제18조제1항 단서를 위반하여 집단민원현장에 일반경비원 명부를 작성·비치하지 아니한 때
13. 제18조제2항 각 호 외의 부분 단서를 위반하여 배치허가를 받지 아니하고 경비원을 배치하거나 경비원 명단 및 배치일시·배치장소 등 배치허가 신청의 내용을 거짓으로 한 때
14. 제18조제6항을 위반하여 결격사유에 해당하는 일반경비원을 집단민원현장에 배치한 때
15. 제24조에 따른 감독상 명령에 따르지 아니한 때

16. 제26조를 위반하여 손해를 배상하지 아니한 때

③허가관청은 제1항 및 제2항에 의하여 허가취소 또는 영업정지처분을 하는 때에는 경비업자가 허가받은 경비업무중 허가취소 또는 영업정지사유에 해당되는 경비업무에 한하여 처분을 하여야 한다. 다만, 제1항제2호 및 제7호에 해당하여 허가취소를 하는 때에는 그러하지 아니하다. 〈개정 2013. 6. 7.〉

[2002. 12. 18. 법률 제6787호에 의하여 2002. 4. 25. 헌법재판소에서 위헌 결정된 이 조를 개정함.]

제20조(경비지도사자격의 취소 등) ①경찰청장은 경비지도사가 다음 각호의 1에 해당하는 때에는 그 자격을 취소하여야 한다. 〈개정 2014. 12. 30.〉

1. 제10조제1항 각호의 결격사유에 해당하게 된 때
2. 허위 그 밖의 부정한 방법으로 경비지도사자격증을 교부받은 때
3. 경비지도사자격증을 다른 사람에게 빌려주거나 양도한 때
4. 자격정지 기간 중에 경비지도사로 선임되어 활동한 때

②경찰청장은 경비지도사가 다음 각호의 1에 해당하는 때에는 대통령령이 정하는 바에 따라 1년의 범위 내에서 그 자격을 정지시킬 수 있다. 〈개정 2020. 12. 22.〉

1. 제12조제3항의 규정에 위반하여 직무를 성실하게 수행하지 아니한 때
2. 제24조의 규정에 의한 경찰청장 또는 시 · 도경찰청장의 명령을 위반한 때

③경찰청장은 제1항의 규정에 의하여 경비지도사의 자격을 취소한 때에는 경비지도사자격증을 회수하여야 하고, 제2항의 규정에 의하여 경비지도사의 자격을 정지한 때에는 그 정지기간동안 경비지도사자격증을 회수하여 보관하여야 한다.

제21조(청문) 경찰청장 또는 시 · 도경찰청장은 다음 각호의 1에 해당하는 처분을 하고자 하는 경우에는 청문을 실시하여야 한다. 〈개정 2020. 12. 22.〉

1. 제19조의 규정에 의한 경비업 허가의 취소 또는 영업정지
2. 제20조제1항 또는 제2항의 규정에 의한 경비지도사자격의 취소 또는 정지

제6장 경비협회

제22조(경비협회) ①경비업자는 경비업무의 건전한 발전과 경비원의 자질향상 및 교육 훈련 등을 위하여 대통령령이 정하는 바에 따라 경비협회를 설립할 수 있다.

②경비협회는 법인으로 한다.

③경비협회의 업무는 다음과 같다.

1. 경비업무의 연구
2. 경비원 교육 · 훈련 및 그 연구
3. 경비원의 후생 · 복지에 관한 사항
4. 경비진단에 관한 사항
5. 그 밖에 경비업무의 건전한 운영과 육성에 관하여 필요한 사항

④경비협회에 관하여 이 법에 특별한 규정이 있는 것을 제외하고는 민법중 사단법인에 관한 규정을 준용한다.

제23조(공제사업) ①경비협회는 다음 각 호의 공제사업을 할 수 있다. 〈개정 2015. 7. 20.〉

1. 제26조에 따른 경비업자의 손해배상책임을 보장하기 위한 사업
2. 경비업자가 경비업을 운영할 때 필요한 입찰보증, 계약보증(이행보증을 포함한다), 하도급보증을 위한 사업
3. 경비원의 복지향상과 업무상 재해로 인한 손실을 보상하는 사업
4. 경비업무와 관련한 연구 및 경비원 교육 · 훈련에 관한 사업

②경비협회는 제1항의 규정에 의한 공제사업을 하고자 하는 때에는 공제규정을 제정하여야 한다.

③제2항의 공제규정에는 공제사업의 범위, 공제계약의 내용, 공제금, 공제료 및 공제금에 충당하기 위한 책임준비금 등 공제사업의 운영에 관하여 필요한 사항을 정하여야 한다.

④경찰청장은 제1항에 따른 공제사업의 건전한 육성과 가입자의 보호를 위하여 공제

사업의 감독에 관한 기준을 정할 수 있다. 〈신설 2015. 7. 20.〉

⑤경찰청장은 제2항에 따른 공제규정을 승인하거나 제4항에 따라 공제사업의 감독에 관한 기준을 정하는 경우에는 미리 금융위원회와 협의하여야 한다. 〈신설 2015. 7. 20.〉

⑥경찰청장은 제1항에 따른 공제사업에 대하여 「금융위원회의 설치 등에 관한 법률」에 따른 금융감독원의 원장에게 검사를 요청할 수 있다. 〈신설 2015. 7. 20.〉

제7장 보칙

제24조(감독) ①경찰청장 또는 시 · 도경찰청장은 경비업무의 적정한 수행을 위하여 경비업자 및 경비지도사를 지도 · 감독하며 필요한 명령을 할 수 있다. 〈개정 2020. 12. 22.〉

②시 · 도경찰청장 또는 관할 경찰관서장은 소속 경찰공무원으로 하여금 관할구역안에 있는 경비업자의 주사무소 및 출장소와 경비원배치장소에 출입하여 근무상황 및 교육훈련상황 등을 감독하며 필요한 명령을 하게 할 수 있다. 이 경우 출입하는 경찰공무원은 그 권한을 표시하는 증표를 관계인에게 내보여야 한다. 〈개정 2020. 12. 22.〉

③ 시 · 도경찰청장 또는 관할 경찰관서장은 경비업자 또는 배치된 경비원이 이 법이나 이 법에 따른 명령, 「폭력행위 등 처벌에 관한 법률」을 위반하는 행위를 하는 경우 그 위반행위의 중지를 명할 수 있다. 〈신설 2013. 6. 7., 2020. 12. 22.〉

④ 시 · 도경찰청장 또는 관할 경찰관서장은 경비업무 장소가 집단민원현장으로 판단되는 경우에는 그 때부터 48시간 이내에 경비업자에게 경비원 배치 허가를 받을 것을 고지하여야 한다. 〈신설 2015. 7. 20., 2020. 12. 22.〉

제25조(보안지도 · 점검 등) 시 · 도경찰청장은 대통령령이 정하는 바에 따라 특수경비업자에 대하여 보안지도 · 점검을 실시하여야 하고, 필요한 경우 관계기관에 보안측정을 요청하여야 한다. 〈개정 2020. 12. 22.〉

제26조(손해배상 등) ①경비업자는 경비원이 업무수행중 고의 또는 과실로 경비대상에 손해가 발생하는 것을 방지하지 못한 때에는 그 손해를 배상하여야 한다.

②경비업자는 경비원이 업무수행중 고의 또는 과실로 제3자에게 손해를 입힌 경우에는 이를 배상하여야 한다.

제27조(위임 및 위탁) ①이 법에 의한 경찰청장의 권한은 대통령령이 정하는 바에 따라 그 일부를 시ㆍ도경찰청장에게 위임할 수 있다. 〈개정 2020. 12. 22.〉

②경찰청장은 제11조의 규정에 의한 경비지도사의 시험 및 교육에 관한 업무를 대통령령이 정하는 바에 따라 관계전문기관 또는 단체에 위탁할 수 있다.

제27조의2(수수료) 이 법에 따른 경비업의 허가를 받거나 허가증을 재교부 받고자 하는 자는 대통령령이 정하는 바에 따라 수수료를 납부하여야 한다.

[본조신설 2005. 5. 31.]

제27조의3(벌칙 적용에서 공무원 의제) 제27조제2항에 따라 위탁받은 업무에 종사하는 관계전문기관 또는 단체의 임직원은 「형법」 제129조부터 제132조까지의 규정을 적용할 때에는 공무원으로 본다.

[본조신설 2019. 4. 16.]

제8장 벌칙

제28조(벌칙) ①제14조제2항의 규정에 위반하여 국가중요시설의 정상적인 운영을 해치는 장해를 일으킨 특수경비원은 5년 이하의 징역 또는 5천만원 이하의 벌금에 처한다. 〈개정 2017. 10. 24.〉

②다음 각 호의 어느 하나에 해당하는 자는 3년 이하의 징역 또는 3천만원 이하의 벌금에 처한다. 〈개정 2005. 8. 4., 2013. 6. 7., 2015. 7. 20.〉

1. 제4조제1항의 규정에 의한 허가를 받지 아니하고 경비업을 영위한 자
2. 제7조제4항의 규정에 위반하여 직무상 알게 된 비밀을 누설하거나 부당한 목적을 위하여 사용한 자

3. 제7조제8항의 규정에 위반하여 경비업무의 중단을 통보하지 아니하거나 경비업무를 즉시 인수하지 아니한 특수경비업자 또는 경비대행업자
4. 집단민원현장에 경비원을 배치하면서 제7조의2제1항을 위반하여 제4조제1항에 따른 허가를 받지 아니한 자에게 경비업무를 도급한 자
5. 제7조의2제2항을 위반하여 집단민원현장에 20명 이상의 경비인력을 배치하면서 그 경비인력을 직접 고용한 자
6. 제7조의2제3항을 위반하여 경비업자의 경비원 채용 시 무자격자나 부적격자 등을 채용하도록 관여하거나 영향력을 행사한 도급인
7. 과실로 인하여 제14조제2항의 규정에 위반하여 국가중요시설의 정상적인 운영을 해치는 장해를 일으킨 특수경비원
8. 특수경비원으로서 경비구역 안에서 시설물의 절도, 손괴, 위험물의 폭발 등의 사유로 인한 위급사태가 발생한 때에 제15조제1항 또는 제2항의 규정에 위반한 자
9. 제15조의2제2항의 규정을 위반하여 경비원에게 경비업무의 범위를 벗어난 행위를 하게 한 자

③제14조제4항 후단의 규정에 위반하여 정당한 사유없이 무기를 소지하고 배치된 경비구역을 벗어난 특수경비원은 2년 이하의 징역 또는 2천만원 이하의 벌금에 처한다.

④다음 각 호의 어느 하나에 해당하는 자는 1년 이하의 징역 또는 1천만원 이하의 벌금에 처한다. 〈개정 2005. 8. 4., 2013. 6. 7., 2020. 12. 22.〉

1. 제14조제7항의 규정에 위반한 관리책임자
2. 제15조제3항의 규정에 위반하여 쟁의행위를 한 특수경비원
3. 제15조의2제1항을 위반하여 경비업무의 범위를 벗어난 행위를 한 경비원
4. 제16조의2제1항에서 정한 장비 외에 흉기 또는 그 밖의 위험한 물건을 휴대하고 경비업무를 수행한 경비원 또는 경비원에게 이를 휴대하고 경비업무를 수행하게 한 자
5. 제18조제8항을 위반하여 경찰관서장의 배치폐지 명령을 따르지 아니한 자

6. 제24조제3항에 따른 시 · 도경찰청장 또는 관할 경찰관서장의 중지명령에 따르지 아니한 자

⑤ 삭제 〈2013. 6. 7.〉

第29조(형의 가중처벌) ①특수경비원이 무기를 휴대하고 경비업무를 수행중에 제14조제8항의 규정 및 제15조제4항의 규정에 의한 무기의 안전수칙을 위반하여 「형법」 제258조의2제1항(제257조제1항의 죄로 한정한다) · 제2항(제258조제1항 · 제2항의 죄로 한정한다), 제259조제1항, 제260조제1항, 제262조, 제268조, 제276조제1항, 제277조제1항, 제281조제1항, 제283조제1항, 제324조제2항, 제350조의2 및 제366조의 죄를 범한 때에는 그 죄에 정한 형의 2분의 1까지 가중처벌한다. 〈개정 2013. 6. 7., 2016. 1. 6.〉

② 경비원이 경비업무 수행 중에 제16조의2제1항에서 정한 장비 외에 흉기 또는 그 밖의 위험한 물건을 휴대하고 「형법」 제258조의2제1항(제257조제1항의 죄로 한정한다) · 제2항(제258조제1항 · 제2항의 죄로 한정한다), 제259조제1항, 제261조, 제262조, 제268조, 제276조제1항, 제277조제1항, 제281조제1항, 제283조제1항, 제324조제2항, 제350조의2 및 제366조의 죄를 범한 때에는 그 죄에 정한 형의 2분의 1까지 가중처벌한다. 〈신설 2013. 6. 7., 2016. 1. 6.〉

第30조(양벌규정) 법인의 대표자나 법인 또는 개인의 대리인, 사용인, 그 밖의 종업원이 그 법인 또는 개인의 업무에 관하여 제28조의 위반행위를 하면 그 행위자를 벌하는 외에 그 법인 또는 개인에게도 해당 조문의 벌금형을 과(科)한다. 다만, 법인 또는 개인이 그 위반행위를 방지하기 위하여 해당 업무에 관하여 상당한 주의와 감독을 게을리하지 아니한 경우에는 그러하지 아니하다.

[전문개정 2008. 12. 26.]

第31조(과태료) ①다음 각 호의 어느 하나에 해당하는 경비업자에게는 3천만원 이하의 과태료를 부과한다. 〈신설 2013. 6. 7.〉

1. 제16조제1항을 위반하여 경비원의 복장에 관한 신고를 하지 아니하고 집단민원현

장에 경비원을 배치한 자
2. 제16조제2항을 위반하여 이름표를 부착하게 하지 아니하거나, 신고된 동일 복장을 착용하게 하지 아니하고 집단민원현장에 경비원을 배치한 자
3. 제18조제1항 단서를 위반하여 집단민원현장에 일반경비원을 배치하면서 경비원의 명부를 배치장소에 작성 · 비치하지 아니한 자
4. 제18조제2항 각 호 외의 부분 단서를 위반하여 배치허가를 받지 아니하고 경비원을 배치하거나 경비원 명단 및 배치일시 · 배치장소 등 배치허가 신청의 내용을 거짓으로 한 자
5. 제18조제7항을 위반하여 제13조에 따른 신임교육을 이수하지 아니한 자를 제18조제2항 각 호의 경비원으로 배치한 자

②다음 각 호의 어느 하나에 해당하는 경비업자 또는 시설주에게는 500만원 이하의 과태료를 부과한다. 〈개정 2013. 6. 7.〉

1. 제4조제3항 또는 제18조제2항의 규정에 위반하여 신고를 하지 아니한 자
2. 제7조제7항의 규정에 위반하여 경비대행업자 지정신고를 하지 아니한 자
3. 제9조제1항의 규정에 위반하여 설명의무를 이행하지 아니한 자
4. 제12조제1항의 규정에 위반하여 경비지도사를 선임하지 아니한 자
5. 제14조제6항의 규정에 의한 감독상 필요한 명령을 정당한 이유없이 이행하지 아니한 자
6. 제10조제3항을 위반하여 결격사유에 해당하는 경비원을 배치하 거나 결격사유에 해당하는 경비지도사를 선임 · 배치한 자
7. 제16조제1항의 복장 등에 관한 신고규정을 위반하여 신고를 하지 아니한 자
8. 제16조제2항을 위반하여 이름표를 부착하게 하지 아니하거나, 신고된 동일 복장을 착용하게 하지 아니하고 경비원을 경비업무에 배치한 자
9. 제18조제1항 본문을 위반하여 명부를 작성 · 비치하지 아니한 자
10. 제18조제5항을 위반하여 경비원의 근무상황을 기록하여 보관하지 아니한 자

③제1항 및 제2항의 규정에 의한 과태료는 대통령령이 정하는 바에 의하여 시 · 도경찰청장 또는 경찰관서장이 부과 · 징수한다. 〈개정 2013. 6. 7., 2020. 12. 22.〉

④ 삭제 〈2013. 6. 7.〉

⑤ 삭제 〈2013. 6. 7.〉

부칙〈제17894호, 2021. 1. 12.〉(피후견인 결격조항 정비를 위한 경비업법 등 10개 법률의 일부개정에 관한 법률)

이 법은 공포한 날부터 시행한다. 다만, 제1조 중 「경비업법」 제10조제2항제2호의 개정규정 및…〈단서 생략〉…은 공포 후 6개월이 경과한 날부터 시행한다.

청원경찰법

[시행 2021. 1. 1] [법률 제17689호, 2020. 12. 22, 타법개정]

경찰청(위기관리센터) 02-3150-1226

제1조(목적) 이 법은 청원경찰의 직무 · 임용 · 배치 · 보수 · 사회보장 및 그 밖에 필요한 사항을 규정함으로써 청원경찰의 원활한 운영을 목적으로 한다.

[전문개정 2010. 2. 4.]

제2조(정의) 이 법에서 "청원경찰"이란 다음 각 호의 어느 하나에 해당하는 기관의 장 또는 시설 · 사업장 등의 경영자가 경비{이하 "청원경찰경비"(請願警察經費)라 한다}를 부담할 것을 조건으로 경찰의 배치를 신청하는 경우 그 기관 · 시설 또는 사업장 등의 경비(警備)를 담당하게 하기 위하여 배치하는 경찰을 말한다. 〈개정 2013. 3. 23., 2014. 11. 19., 2017. 7. 26.〉

1. 국가기관 또는 공공단체와 그 관리하에 있는 중요 시설 또는 사업장
2. 국내 주재(駐在) 외국기관
3. 그 밖에 행정안전부령으로 정하는 중요 시설, 사업장 또는 장소

[전문개정 2010. 2. 4.]

제3조(청원경찰의 직무) 청원경찰은 제4조제2항에 따라 청원경찰의 배치 결정을 받은 자{이하 "청원주"(請願主)라 한다}와 배치된 기관 · 시설 또는 사업장 등의 구역을 관할하는 경찰서장의 감독을 받아 그 경비구역만의 경비를 목적으로 필요한 범위에서 「경찰관 직무집행법」에 따른 경찰관의 직무를 수행한다. 〈개정 2014. 5. 20.〉

[전문개정 2010. 2. 4.]

제4조(청원경찰의 배치) ①청원경찰을 배치받으려는 자는 대통령령으로 정하는 바에 따라 관할 시 · 도경찰청장에게 청원경찰 배치를 신청하여야 한다. 〈개정 2020. 12.

22.〉

② 시 · 도경찰청장은 제1항의 청원경찰 배치 신청을 받으면 지체 없이 그 배치 여부를 결정하여 신청인에게 알려야 한다. 〈개정 2020. 12. 22.〉

③ 시 · 도경찰청장은 청원경찰 배치가 필요하다고 인정하는 기관의 장 또는 시설 · 사업장의 경영자에게 청원경찰을 배치할 것을 요청할 수 있다. 〈개정 2020. 12. 22.〉

[전문개정 2010. 2. 4.]

제5조(청원경찰의 임용 등) ①청원경찰은 청원주가 임용하되, 임용을 할 때에는 미리 시 · 도경찰청장의 승인을 받아야 한다. 〈개정 2020. 12. 22.〉

②「국가공무원법」 제33조 각 호의 어느 하나의 결격사유에 해당하는 사람은 청원경찰로 임용될 수 없다.

③ 청원경찰의 임용자격 · 임용방법 · 교육 및 보수에 관하여는 대통령령으로 정한다.

④ 청원경찰의 복무에 관하여는 「국가공무원법」 제57조, 제58조제1항, 제60조 및 「경찰공무원법」 제24조를 준용한다. 〈개정 2018. 9. 18., 2020. 12. 22.〉

[전문개정 2010. 2. 4.]

[2018. 9. 18. 법률 제15765호에 의하여 2017. 9. 28. 헌법재판소에서 헌법불합치 결정된 이 조 제4항을 개정함.]

제5조의2(청원경찰의 징계) ①청원주는 청원경찰이 다음 각 호의 어느 하나에 해당하는 때에는 대통령령으로 정하는 징계절차를 거쳐 징계처분을 하여야 한다.

1. 직무상의 의무를 위반하거나 직무를 태만히 한 때

2. 품위를 손상하는 행위를 한 때

② 청원경찰에 대한 징계의 종류는 파면, 해임, 정직, 감봉 및 견책으로 구분한다.

③ 청원경찰의 징계에 관하여 그 밖에 필요한 사항은 대통령령으로 정한다.

[본조신설 2010. 2. 4.]

제6조(청원경찰경비) ①청원주는 다음 각 호의 청원경찰경비를 부담하여야 한다.

1. 청원경찰에게 지급할 봉급과 각종 수당

2. 청원경찰의 피복비

3. 청원경찰의 교육비

4. 제7조에 따른 보상금 및 제7조의2에 따른 퇴직금

② 국가기관 또는 지방자치단체에 근무하는 청원경찰의 보수는 다음 각 호의 구분에 따라 같은 재직기간에 해당하는 경찰공무원의 보수를 감안하여 대통령령으로 정한다. 〈개정 2014. 12. 30.〉

1. 재직기간 15년 미만: 순경

2. 재직기간 15년 이상 23년 미만: 경장

3. 재직기간 23년 이상 30년 미만: 경사

4. 재직기간 30년 이상: 경위

③ 청원주의 제1항제1호에 따른 봉급 · 수당의 최저부담기준액(국가기관 또는 지방자치단체에 근무하는 청원경찰의 봉급 · 수당은 제외한다)과 같은 항 제2호 및 제3호에 따른 비용의 부담기준액은 경찰청장이 정하여 고시(告示)한다.

[전문개정 2010. 2. 4.]

제7조(보상금) 청원주는 청원경찰이 다음 각 호의 어느 하나에 해당하게 되면 대통령령으로 정하는 바에 따라 청원경찰 본인 또는 그 유족에게 보상금을 지급하여야 한다.

1. 직무수행으로 인하여 부상을 입거나, 질병에 걸리거나 또는 사망한 경우

2. 직무상의 부상 · 질병으로 인하여 퇴직하거나, 퇴직 후 2년 이내에 사망한 경우

[전문개정 2010. 2. 4.]

제7조의2(퇴직금) 청원주는 청원경찰이 퇴직할 때에는 「근로자퇴직급여 보장법」에 따른 퇴직금을 지급하여야 한다. 다만, 국가기관이나 지방자치단체에 근무하는 청원경찰의 퇴직금에 관하여는 따로 대통령령으로 정한다.

[전문개정 2010. 2. 4.]

제8조(제복 착용과 무기 휴대) ①청원경찰은 근무 중 제복을 착용하여야 한다.

②시 · 도경찰청장은 청원경찰이 직무를 수행하기 위하여 필요하다고 인정하면 청원

주의 신청을 받아 관할 경찰서장으로 하여금 청원경찰에게 무기를 대여하여 지니게 할 수 있다. 〈개정 2020. 12. 22.〉

③ 청원경찰의 복제(服制)와 무기 휴대에 필요한 사항은 대통령령으로 정한다.

[전문개정 2010. 2. 4.]

제9조 삭제 〈1999. 3. 31.〉

제9조의2 삭제 〈2001. 4. 7.〉

제9조의3(감독) ①청원주는 항상 소속 청원경찰의 근무 상황을 감독하고, 근무 수행에 필요한 교육을 하여야 한다.

②시 · 도경찰청장은 청원경찰의 효율적인 운영을 위하여 청원주를 지도하며 감독상 필요한 명령을 할 수 있다. 〈개정 2020. 12. 22.〉

[전문개정 2010. 2. 4.]

제9조의4(쟁의행위의 금지) 청원경찰은 파업, 태업 또는 그 밖에 업무의 정상적인 운영을 방해하는 일체의 쟁의행위를 하여서는 아니 된다.

[본조신설 2018. 9. 18.]

제10조(직권남용 금지 등) ①청원경찰이 직무를 수행할 때 직권을 남용하여 국민에게 해를 끼친 경우에는 6개월 이하의 징역이나 금고에 처한다.

② 청원경찰 업무에 종사하는 사람은 「형법」이나 그 밖의 법령에 따른 벌칙을 적용할 때에는 공무원으로 본다.

[전문개정 2010. 2. 4.]

제10조의2(청원경찰의 불법행위에 대한 배상책임) 청원경찰(국가기관이나 지방자치단체에 근무하는 청원경찰은 제외한다)의 직무상 불법행위에 대한 배상책임에 관하여는 「민법」의 규정을 따른다.

[전문개정 2010. 2. 4.]

제10조의3(권한의 위임) 이 법에 따른 시 · 도경찰청장의 권한은 그 일부를 대통령령으로 정하는 바에 따라 관할 경찰서장에게 위임할 수 있다. 〈개정 2020. 12. 22.〉

[전문개정 2010. 2. 4.]

제10조의4(의사에 반한 면직) ①청원경찰은 형의 선고, 징계처분 또는 신체상 · 정신상의 이상으로 직무를 감당하지 못할 때를 제외하고는 그 의사(意思)에 반하여 면직(免職)되지 아니한다.

②청원주가 청원경찰을 면직시켰을 때에는 그 사실을 관할 경찰서장을 거쳐 시 · 도경찰청장에게 보고하여야 한다. 〈개정 2020. 12. 22.〉

[전문개정 2010. 2. 4.]

제10조의5(배치의 폐지 등) ①청원주는 청원경찰이 배치된 시설이 폐쇄되거나 축소되어 청원경찰의 배치를 폐지하거나 배치인원을 감축할 필요가 있다고 인정하면 청원경찰의 배치를 폐지하거나 배치인원을 감축할 수 있다. 다만, 청원주는 다음 각 호의 어느 하나에 해당하는 경우에는 청원경찰의 배치를 폐지하거나 배치인원을 감축할 수 없다. 〈개정 2014. 12. 30.〉

1. 청원경찰을 대체할 목적으로 「경비업법」에 따른 특수경비원을 배치하는 경우
2. 청원경찰이 배치된 기관 · 시설 또는 사업장 등이 배치인원의 변동사유 없이 다른 곳으로 이전하는 경우

② 제1항에 따라 청원주가 청원경찰을 폐지하거나 감축하였을 때에는 청원경찰 배치 결정을 한 경찰관서의 장에게 알려야 하며, 그 사업장이 제4조제3항에 따라 시 · 도경찰청장이 청원경찰의 배치를 요청한 사업장일 때에는 그 폐지 또는 감축 사유를 구체적으로 밝혀야 한다. 〈개정 2020. 12. 22.〉

③ 제1항에 따라 청원경찰의 배치를 폐지하거나 배치인원을 감축하는 경우 해당 청원주는 배치폐지나 배치인원 감축으로 과원(過員)이 되는 청원경찰 인원을 그 기관 · 시설 또는 사업장 내의 유사 업무에 종사하게 하거나 다른 시설 · 사업장 등에 재배치하는 등 청원경찰의 고용이 보장될 수 있도록 노력하여야 한다. 〈신설 2014. 12. 30.〉

[전문개정 2010. 2. 4.]

제10조의6(당연 퇴직) 청원경찰이 다음 각 호의 어느 하나에 해당할 때에는 당연 퇴직된

다.

1. 제5조제2항에 따른 임용결격사유에 해당될 때
2. 제10조의5에 따라 청원경찰의 배치가 폐지되었을 때
3. 나이가 60세가 되었을 때. 다만, 그 날이 1월부터 6월 사이에 있으면 6월 30일에, 7월부터 12월 사이에 있으면 12월 31일에 각각 당연 퇴직된다.

[전문개정 2010. 2. 4.]

[단순위헌, 2017헌가26, 2018. 1. 25., 청원경찰법(2010. 2. 4. 법률 제10013호로 개정된 것) 제10조의6 제1호 중 제5조 제2항에 의한 국가공무원법 제33조 제5호에 관한 부분은 헌법에 위반된다.]

제10조의7(휴직 및 명예퇴직) 국가기관이나 지방자치단체에 근무하는 청원경찰의 휴직 및 명예퇴직에 관하여는 「국가공무원법」 제71조부터 제73조까지 및 제74조의2를 준용한다.

[전문개정 2010. 2. 4.]

제11조(벌칙) 제9조의4를 위반하여 파업, 태업 또는 그 밖에 업무의 정상적인 운영을 방해하는 쟁의행위를 한 사람은 1년 이하의 징역 또는 1천만원 이하의 벌금에 처한다. 〈개정 2018. 9. 18.〉

[전문개정 2010. 2. 4.]

제12조(과태료) ①다음 각 호의 어느 하나에 해당하는 자에게는 500만원 이하의 과태료를 부과한다. 〈개정 2020. 12. 22.〉

1. 제4조제2항에 따른 시 · 도경찰청장의 배치 결정을 받지 아니하고 청원경찰을 배치하거나 제5조제1항에 따른 시 · 도경찰청장의 승인을 받지 아니하고 청원경찰을 임용한 자
2. 정당한 사유 없이 제6조제3항에 따라 경찰청장이 고시한 최저부담기준액 이상의 보수를 지급하지 아니한 자
3. 제9조의3제2항에 따른 감독상 필요한 명령을 정당한 사유 없이 이행하지 아니한

자

② 제1항에 따른 과태료는 대통령령으로 정하는 바에 따라 시 · 도경찰청장이 부과 · 징수한다. 〈개정 2020. 12. 22.〉

[전문개정 2010. 2. 4.]

부칙〈제17689호, 2020. 12. 22.〉

제1조(시행일) 이 법은 2021년 1월 1일부터 시행한다.

제2조부터 제6조까지 생략

제7조(다른 법률의 개정) ①부터 ㊻까지 생략

㊼청원경찰법 일부를 다음과 같이 개정한다.

제4조제1항, 제2항 및 제3항, 제5조제1항, 제8조제2항, 제9조의3제2항, 제10조의3, 제10조의4제2항, 제10조의5제2항, 제12조제1항제1호 및 같은 조 제2항 중 "지방경찰청장"을 각각 "시 · 도경찰청장"으로 한다.

㊽부터 〈53〉까지 생략

제8조 생략

경찰관 직무집행법

[시행 2021. 1. 1] [법률 제17689호, 2020. 12. 22, 타법개정]

경찰청(규제개혁법무담당관실) 02-3150-1192

제1조(목적) ①이 법은 국민의 자유와 권리 및 모든 개인이 가지는 불가침의 기본적 인권을 보호하고 사회공공의 질서를 유지하기 위한 경찰관(경찰공무원만 해당한다. 이하 같다)의 직무 수행에 필요한 사항을 규정함을 목적으로 한다. 〈개정 2020. 12. 22.〉

②이 법에 규정된 경찰관의 직권은 그 직무 수행에 필요한 최소한도에서 행사되어야 하며 남용되어서는 아니 된다.

[전문개정 2014. 5. 20.]

제2조(직무의 범위) 경찰관은 다음 각 호의 직무를 수행한다. 〈개정 2018. 4. 17., 2020. 12. 22.〉

1. 국민의 생명·신체 및 재산의 보호
2. 범죄의 예방·진압 및 수사

2의2. 범죄피해자 보호

3. 경비, 주요 인사(人士) 경호 및 대간첩·대테러 작전 수행
4. 공공안녕에 대한 위험의 예방과 대응을 위한 정보의 수집·작성 및 배포
5. 교통 단속과 교통 위해(危害)의 방지
6. 외국 정부기관 및 국제기구와의 국제협력
7. 그 밖에 공공의 안녕과 질서 유지

[전문개정 2014. 5. 20.]

제3조(불심검문) ①경찰관은 다음 각 호의 어느 하나에 해당하는 사람을 정지시켜 질문할 수 있다.

1. 수상한 행동이나 그 밖의 주위 사정을 합리적으로 판단하여 볼 때 어떠한 죄를 범하였거나 범하려 하고 있다고 의심할 만한 상당한 이유가 있는 사람
2. 이미 행하여진 범죄나 행하여지려고 하는 범죄행위에 관한 사실을 안다고 인정되는 사람

②경찰관은 제1항에 따라 같은 항 각 호의 사람을 정지시킨 장소에서 질문을 하는 것이 그 사람에게 불리하거나 교통에 방해가 된다고 인정될 때에는 질문을 하기 위하여 가까운 경찰서·지구대·파출소 또는 출장소(지방해양경찰관서를 포함하며, 이하 "경찰관서"라 한다)로 동행할 것을 요구할 수 있다. 이 경우 동행을 요구받은 사람은 그 요구를 거절할 수 있다. 〈개정 2014. 11. 19., 2017. 7. 26.〉

③경찰관은 제1항 각 호의 어느 하나에 해당하는 사람에게 질문을 할 때에 그 사람이 흉기를 가지고 있는지를 조사할 수 있다.

④경찰관은 제1항이나 제2항에 따라 질문을 하거나 동행을 요구할 경우 자신의 신분을 표시하는 증표를 제시하면서 소속과 성명을 밝히고 질문이나 동행의 목적과 이유를 설명하여야 하며, 동행을 요구하는 경우에는 동행 장소를 밝혀야 한다.

⑤경찰관은 제2항에 따라 동행한 사람의 가족이나 친지 등에게 동행한 경찰관의 신분, 동행 장소, 동행 목적과 이유를 알리거나 본인으로 하여금 즉시 연락할 수 있는 기회를 주어야 하며, 변호인의 도움을 받을 권리가 있음을 알려야 한다.

⑥경찰관은 제2항에 따라 동행한 사람을 6시간을 초과하여 경찰관서에 머물게 할 수 없다.

⑦제1항부터 제3항까지의 규정에 따라 질문을 받거나 동행을 요구받은 사람은 형사소송에 관한 법률에 따르지 아니하고는 신체를 구속당하지 아니하며, 그 의사에 반하여 답변을 강요당하지 아니한다.

[전문개정 2014. 5. 20.]

제4조(보호조치 등) ①경찰관은 수상한 행동이나 그 밖의 주위 사정을 합리적으로 판단해 볼 때 다음 각 호의 어느 하나에 해당하는 것이 명백하고 응급구호가 필요하다고

믿을 만한 상당한 이유가 있는 사람(이하 "구호대상자"라 한다)을 발견하였을 때에는 보건의료기관이나 공공구호기관에 긴급구호를 요청하거나 경찰관서에 보호하는 등 적절한 조치를 할 수 있다.

1. 정신착란을 일으키거나 술에 취하여 자신 또는 다른 사람의 생명 · 신체 · 재산에 위해를 끼칠 우려가 있는 사람
2. 자살을 시도하는 사람
3. 미아, 병자, 부상자 등으로서 적당한 보호자가 없으며 응급구호가 필요하다고 인정되는 사람. 다만, 본인이 구호를 거절하는 경우는 제외한다.

② 제1항에 따라 긴급구호를 요청받은 보건의료기관이나 공공구호기관은 정당한 이유 없이 긴급구호를 거절할 수 없다.

③ 경찰관은 제1항의 조치를 하는 경우에 구호대상자가 휴대하고 있는 무기 · 흉기 등 위험을 일으킬 수 있는 것으로 인정되는 물건을 경찰관서에 임시로 영치(領置)하여 놓을 수 있다.

④ 경찰관은 제1항의 조치를 하였을 때에는 지체 없이 구호대상자의 가족, 친지 또는 그 밖의 연고자에게 그 사실을 알려야 하며, 연고자가 발견되지 아니할 때에는 구호대상자를 적당한 공공보건의료기관이나 공공구호기관에 즉시 인계하여야 한다.

⑤ 경찰관은 제4항에 따라 구호대상자를 공공보건의료기관이나 공공구호기관에 인계하였을 때에는 즉시 그 사실을 소속 경찰서장이나 해양경찰서장에게 보고하여야 한다. 〈개정 2014. 11. 19., 2017. 7. 26.〉

⑥제5항에 따라 보고를 받은 소속 경찰서장이나 해양경찰서장은 대통령령으로 정하는 바에 따라 구호대상자를 인계한 사실을 지체 없이 해당 공공보건의료기관 또는 공공구호기관의 장 및 그 감독행정청에 통보하여야 한다. 〈개정 2014. 11. 19., 2017. 7. 26.〉

⑦제1항에 따라 구호대상자를 경찰관서에서 보호하는 기간은 24시간을 초과할 수 없고, 제3항에 따라 물건을 경찰관서에 임시로 영치하는 기간은 10일을 초과할 수 없

다.

[전문개정 2014. 5. 20.]

제5조(위험 발생의 방지 등) ①경찰관은 사람의 생명 또는 신체에 위해를 끼치거나 재산에 중대한 손해를 끼칠 우려가 있는 천재(天災), 사변(事變), 인공구조물의 파손이나 붕괴, 교통사고, 위험물의 폭발, 위험한 동물 등의 출현, 극도의 혼잡, 그 밖의 위험한 사태가 있을 때에는 다음 각 호의 조치를 할 수 있다.

1. 그 장소에 모인 사람, 사물(事物)의 관리자, 그 밖의 관계인에게 필요한 경고를 하는 것
2. 매우 긴급한 경우에는 위해를 입을 우려가 있는 사람을 필요한 한도에서 억류하거나 피난시키는 것
3. 그 장소에 있는 사람, 사물의 관리자, 그 밖의 관계인에게 위해를 방지하기 위하여 필요하다고 인정되는 조치를 하게 하거나 직접 그 조치를 하는 것

② 경찰관서의 장은 대간첩 작전의 수행이나 소요(騷擾) 사태의 진압을 위하여 필요하다고 인정되는 상당한 이유가 있을 때에는 대간첩 작전지역이나 경찰관서 · 무기고 등 국가중요시설에 대한 접근 또는 통행을 제한하거나 금지할 수 있다.

③ 경찰관은 제1항의 조치를 하였을 때에는 지체 없이 그 사실을 소속 경찰관서의 장에게 보고하여야 한다.

④ 제2항의 조치를 하거나 제3항의 보고를 받은 경찰관서의 장은 관계 기관의 협조를 구하는 등 적절한 조치를 하여야 한다.

[전문개정 2014. 5. 20.]

제6조(범죄의 예방과 제지) 경찰관은 범죄행위가 목전(目前)에 행하여지려고 하고 있다고 인정될 때에는 이를 예방하기 위하여 관계인에게 필요한 경고를 하고, 그 행위로 인하여 사람의 생명 · 신체에 위해를 끼치거나 재산에 중대한 손해를 끼칠 우려가 있는 긴급한 경우에는 그 행위를 제지할 수 있다.

[전문개정 2014. 5. 20.]

제조(위험 방지를 위한 출입) ①경찰관은 제5조제1항 · 제2항 및 제6조에 따른 위험한 사태가 발생하여 사람의 생명 · 신체 또는 재산에 대한 위해가 임박한 때에 그 위해를 방지하거나 피해자를 구조하기 위하여 부득이하다고 인정하면 합리적으로 판단하여 필요한 한도에서 다른 사람의 토지 · 건물 · 배 또는 차에 출입할 수 있다.

②흥행장(興行場), 여관, 음식점, 역, 그 밖에 많은 사람이 출입하는 장소의 관리자나 그에 준하는 관계인은 경찰관이 범죄나 사람의 생명 · 신체 · 재산에 대한 위해를 예방하기 위하여 해당 장소의 영업시간이나 해당 장소가 일반인에게 공개된 시간에 그 장소에 출입하겠다고 요구하면 정당한 이유 없이 그 요구를 거절할 수 없다.

③경찰관은 대간첩 작전 수행에 필요할 때에는 작전지역에서 제2항에 따른 장소를 검색할 수 있다.

④경찰관은 제1항부터 제3항까지의 규정에 따라 필요한 장소에 출입할 때에는 그 신분을 표시하는 증표를 제시하여야 하며, 함부로 관계인이 하는 정당한 업무를 방해해서는 아니 된다.

[전문개정 2014. 5. 20.]

제8조(사실의 확인 등) ①경찰관서의 장은 직무 수행에 필요하다고 인정되는 상당한 이유가 있을 때에는 국가기관이나 공사(公私) 단체 등에 직무 수행에 관련된 사실을 조회할 수 있다. 다만, 긴급한 경우에는 소속 경찰관으로 하여금 현장에 나가 해당 기관 또는 단체의 장의 협조를 받아 그 사실을 확인하게 할 수 있다.

②경찰관은 다음 각 호의 직무를 수행하기 위하여 필요하면 관계인에게 출석하여야 하는 사유 · 일시 및 장소를 명확히 적은 출석 요구서를 보내 경찰관서에 출석할 것을 요구할 수 있다.

1. 미아를 인수할 보호자 확인
2. 유실물을 인수할 권리자 확인
3. 사고로 인한 사상자(死傷者) 확인
4. 행정처분을 위한 교통사고 조사에 필요한 사실 확인

[전문개정 2014. 5. 20.]

제8조의2(국제협력) 경찰청장 또는 해양경찰청장은 이 법에 따른 경찰관의 직무수행을 위하여 외국 정부기관, 국제기구 등과 자료 교환, 국제협력 활동 등을 할 수 있다. 〈개정 2014. 11. 19., 2017. 7. 26.〉

[본조신설 2014. 5. 20.]

제8조의2(정보의 수집 등) ①경찰관은 범죄 · 재난 · 공공갈등 등 공공안녕에 대한 위험의 예방과 대응을 위한 정보의 수집 · 작성 · 배포와 이에 수반되는 사실의 확인을 할 수 있다.

②제1항에 따른 정보의 구체적인 범위와 처리 기준, 정보의 수집 · 작성 · 배포에 수반되는 사실의 확인 절차와 한계는 대통령령으로 정한다.

[본조신설 2020. 12. 22.]

[종전 제8조의2는 제8조의3으로 이동 〈2020. 12. 22.〉]

[시행일 : 2021. 3. 23.] 제8조의2

제8조의3(국제협력) 경찰청장 또는 해양경찰청장은 이 법에 따른 경찰관의 직무수행을 위하여 외국 정부기관, 국제기구 등과 자료 교환, 국제협력 활동 등을 할 수 있다. 〈개정 2014. 11. 19., 2017. 7. 26.〉

[본조신설 2014. 5. 20.]

[제8조의2에서 이동 〈2020. 12. 22.〉]

[시행일 : 2021. 3. 23.] 제8조의3

제9조(유치장) 법률에서 정한 절차에 따라 체포 · 구속된 사람 또는 신체의 자유를 제한하는 판결이나 처분을 받은 사람을 수용하기 위하여 경찰서와 해양경찰서에 유치장을 둔다. 〈개정 2014. 11. 19., 2017. 7. 26.〉

[전문개정 2014. 5. 20.]

제10조(경찰장비의 사용 등) ①경찰관은 직무수행 중 경찰장비를 사용할 수 있다. 다만, 사람의 생명이나 신체에 위해를 끼칠 수 있는 경찰장비(이하 이 조에서 "위해성 경찰

장비"라 한다)를 사용할 때에는 필요한 안전교육과 안전검사를 받은 후 사용하여야 한다.

②제1항 본문에서 "경찰장비"란 무기, 경찰장구(警察裝具), 최루제(催淚劑)와 그 발사장치, 살수차, 감식기구(鑑識機具), 해안 감시기구, 통신기기, 차량 · 선박 · 항공기 등 경찰이 직무를 수행할 때 필요한 장치와 기구를 말한다.

③경찰관은 경찰장비를 함부로 개조하거나 경찰장비에 임의의 장비를 부착하여 일반적인 사용법과 달리 사용함으로써 다른 사람의 생명 · 신체에 위해를 끼쳐서는 아니 된다.

④위해성 경찰장비는 필요한 최소한도에서 사용하여야 한다.

⑤경찰청장은 위해성 경찰장비를 새로 도입하려는 경우에는 대통령령으로 정하는 바에 따라 안전성 검사를 실시하여 그 안전성 검사의 결과보고서를 국회 소관 상임위원회에 제출하여야 한다. 이 경우 안전성 검사에는 외부 전문가를 참여시켜야 한다.

⑥위해성 경찰장비의 종류 및 그 사용기준, 안전교육 · 안전검사의 기준 등은 대통령령으로 정한다.

[전문개정 2014. 5. 20.]

제10조의2(경찰장구의 사용) ①경찰관은 다음 각 호의 직무를 수행하기 위하여 필요하다고 인정되는 상당한 이유가 있을 때에는 그 사태를 합리적으로 판단하여 필요한 한도에서 경찰장구를 사용할 수 있다.

1. 현행범이나 사형 · 무기 또는 장기 3년 이상의 징역이나 금고에 해당하는 죄를 범한 범인의 체포 또는 도주 방지
2. 자신이나 다른 사람의 생명 · 신체의 방어 및 보호
3. 공무집행에 대한 항거(抗拒) 제지

②제1항에서 "경찰장구"란 경찰관이 휴대하여 범인 검거와 범죄 진압 등의 직무 수행에 사용하는 수갑, 포승(捕繩), 경찰봉, 방패 등을 말한다.

[전문개정 2014. 5. 20.]

제10조의3(분사기 등의 사용) 경찰관은 다음 각 호의 직무를 수행하기 위하여 부득이한 경우에는 현장책임자가 판단하여 필요한 최소한의 범위에서 분사기(「총포 · 도검 · 화약류 등의 안전관리에 관한 법률」에 따른 분사기를 말하며, 그에 사용하는 최루 등의 작용제를 포함한다. 이하 같다) 또는 최루탄을 사용할 수 있다. 〈개정 2015. 1. 6.〉

1. 범인의 체포 또는 범인의 도주 방지
2. 불법집회 · 시위로 인한 자신이나 다른 사람의 생명 · 신체와 재산 및 공공시설 안전에 대한 현저한 위해의 발생 억제

[전문개정 2014. 5. 20.]

제10조의4(무기의 사용) ①경찰관은 범인의 체포, 범인의 도주 방지, 자신이나 다른 사람의 생명 · 신체의 방어 및 보호, 공무집행에 대한 항거의 제지를 위하여 필요하다고 인정되는 상당한 이유가 있을 때에는 그 사태를 합리적으로 판단하여 필요한 한도에서 무기를 사용할 수 있다. 다만, 다음 각 호의 어느 하나에 해당할 때를 제외하고는 사람에게 위해를 끼쳐서는 아니 된다.

1. 「형법」에 규정된 정당방위와 긴급피난에 해당할 때
2. 다음 각 목의 어느 하나에 해당하는 때에 그 행위를 방지하거나 그 행위자를 체포하기 위하여 무기를 사용하지 아니하고는 다른 수단이 없다고 인정되는 상당한 이유가 있을 때

가. 사형 · 무기 또는 장기 3년 이상의 징역이나 금고에 해당하는 죄를 범하거나 범하였다고 의심할 만한 충분한 이유가 있는 사람이 경찰관의 직무집행에 항거하거나 도주하려고 할 때

나. 체포 · 구속영장과 압수 · 수색영장을 집행하는 과정에서 경찰관의 직무집행에 항거하거나 도주하려고 할 때

다. 제3자가 가목 또는 나목에 해당하는 사람을 도주시키려고 경찰관에게 항거할 때

라. 범인이나 소요를 일으킨 사람이 무기 · 흉기 등 위험한 물건을 지니고 경찰관으로

부터 3회 이상 물건을 버리라는 명령이나 항복하라는 명령을 받고도 따르지 아니하면서 계속 항거할 때

3. 대간첩 작전 수행 과정에서 무장간첩이 항복하라는 경찰관의 명령을 받고도 따르지 아니할 때

②제1항에서 "무기"란 사람의 생명이나 신체에 위해를 끼칠 수 있도록 제작된 권총 · 소총 · 도검 등을 말한다.

③대간첩 · 대테러 작전 등 국가안전에 관련되는 작전을 수행할 때에는 개인화기(個人火器) 외에 공용화기(共用火器)를 사용할 수 있다.

[전문개정 2014. 5. 20.]

제11조(사용기록의 보관) 제10조제2항에 따른 살수차, 제10조의3에 따른 분사기, 최루탄 또는 제10조의4에 따른 무기를 사용하는 경우 그 책임자는 사용 일시 · 장소 · 대상, 현장책임자, 종류, 수량 등을 기록하여 보관하여야 한다.

[전문개정 2014. 5. 20.]

제11조의2(손실보상) ①국가는 경찰관의 적법한 직무집행으로 인하여 다음 각 호의 어느 하나에 해당하는 손실을 입은 자에 대하여 정당한 보상을 하여야 한다. 〈개정 2018. 12. 24.〉

1. 손실발생의 원인에 대하여 책임이 없는 자가 생명 · 신체 또는 재산상의 손실을 입은 경우(손실발생의 원인에 대하여 책임이 없는 자가 경찰관의 직무집행에 자발적으로 협조하거나 물건을 제공하여 생명 · 신체 또는 재산상의 손실을 입은 경우를 포함한다)
2. 손실발생의 원인에 대하여 책임이 있는 자가 자신의 책임에 상응하는 정도를 초과하는 생명 · 신체 또는 재산상의 손실을 입은 경우

②제1항에 따른 보상을 청구할 수 있는 권리는 손실이 있음을 안 날부터 3년, 손실이 발생한 날부터 5년간 행사하지 아니하면 시효의 완성으로 소멸한다.

③제1항에 따른 손실보상신청 사건을 심의하기 위하여 손실보상심의위원회를 둔다.

④경찰청장 또는 시 · 도경찰청장은 제3항의 손실보상심의위원회의 심의 · 의결에 따라 보상금을 지급하고, 거짓 또는 부정한 방법으로 보상금을 받은 사람에 대하여는 해당 보상금을 환수하여야 한다. 〈개정 2018. 12. 24., 2020. 12. 22.〉

⑤보상금이 지급된 경우 손실보상심의위원회는 대통령령으로 정하는 바에 따라 국가경찰위원회에 심사자료와 결과를 보고하여야 한다. 이 경우 국가경찰위원회는 손실보상의 적법성 및 적정성 확인을 위하여 필요한 자료의 제출을 요구할 수 있다. 〈신설 2018. 12. 24., 2020. 12. 22.〉

⑥경찰청장 또는 시 · 도경찰청장은 제4항에 따라 보상금을 반환하여야 할 사람이 대통령령으로 정한 기한까지 그 금액을 납부하지 아니한 때에는 국세 체납처분의 예에 따라 징수할 수 있다. 〈신설 2018. 12. 24., 2020. 12. 22.〉

⑦제1항에 따른 손실보상의 기준, 보상금액, 지급 절차 및 방법, 제3항에 따른 손실보상심의위원회의 구성 및 운영, 제4항 및 제6항에 따른 환수절차, 그 밖에 손실보상에 관하여 필요한 사항은 대통령령으로 정한다. 〈신설 2018. 12. 24.〉

[본조신설 2013. 4. 5.]

제11조의3(범인검거 등 공로자 보상) ①경찰청장, 시 · 도경찰청장 또는 경찰서장은 다음 각 호의 어느 하나에 해당하는 사람에게 보상금을 지급할 수 있다. 〈개정 2020. 12. 22.〉

1. 범인 또는 범인의 소재를 신고하여 검거하게 한 사람
2. 범인을 검거하여 경찰공무원에게 인도한 사람
3. 테러범죄의 예방활동에 현저한 공로가 있는 사람
4. 그 밖에 제1호부터 제3호까지의 규정에 준하는 사람으로서 대통령령으로 정하는 사람

②경찰청장, 시 · 도경찰청장 및 경찰서장은 제1항에 따른 보상금 지급의 심사를 위하여 대통령령으로 정하는 바에 따라 각각 보상금심사위원회를 설치 · 운영하여야 한다. 〈개정 2020. 12. 22.〉

③제2항에 따른 보상금심사위원회는 위원장 1명을 포함한 5명 이내의 위원으로 구성한다.

④제2항에 따른 보상금심사위원회의 위원은 소속 경찰공무원 중에서 경찰청장, 시·도경찰청장 또는 경찰서장이 임명한다. 〈개정 2020. 12. 22.〉

⑤경찰청장, 시·도경찰청장 또는 경찰서장은 제2항에 따른 보상금심사위원회의 심사·의결에 따라 보상금을 지급하고, 거짓 또는 부정한 방법으로 보상금을 받은 사람에 대하여는 해당 보상금을 환수한다. 〈개정 2020. 12. 22.〉

⑥경찰청장, 시·도경찰청장 또는 경찰서장은 제5항에 따라 보상금을 반환하여야 할 사람이 대통령령으로 정한 기한까지 그 금액을 납부하지 아니한 때에는 국세 체납처분의 예에 따라 징수할 수 있다. 〈개정 2018. 12. 24., 2020. 12. 22.〉

⑦제1항에 따른 보상 대상, 보상금의 지급 기준 및 절차, 제2항 및 제3항에 따른 보상금심사위원회의 구성 및 심사사항, 제5항 및 제6항에 따른 환수절차, 그 밖에 보상금 지급에 관하여 필요한 사항은 대통령령으로 정한다. 〈신설 2018. 12. 24.〉

[본조신설 2016. 1. 27.]

[제목개정 2018. 12. 24.]

제12조(벌칙) 이 법에 규정된 경찰관의 의무를 위반하거나 직권을 남용하여 다른 사람에게 해를 끼친 사람은 1년 이하의 징역이나 금고에 처한다.

[전문개정 2014. 5. 20.]

제13조 삭제 〈2014. 5. 20.〉

부칙〈제17689호, 2020. 12. 22.〉

제1조(시행일) 이 법은 2021년 1월 1일부터 시행한다.

제2조부터 제6조까지 생략

제7조(다른 법률의 개정) ①부터 ④까지 생략

⑤경찰관 직무집행법 일부를 다음과 같이 개정한다.

제1조제1항 중 "경찰관(국가경찰공무원만 해당한다. 이하 같다)"을 "경찰관(경찰공무원만 해당한다. 이하 같다)"으로 한다.

제11조의2제4항 및 제6항, 제11조의3제1항 각 호 외의 부분, 같은 조 제2항 및 제4항부터 제6항까지 중 "지방경찰청장"을 각각 "시 · 도경찰청장"으로 한다.

제11조의2제5항 전단 및 후단 중 "경찰위원회"를 각각 "국가경찰위원회"로 한다.

⑥부터 〈53〉까지 생략

제8조 생략

■ **참고 문헌**

강유원, 김이수(2004). 합기도에 내재된 화, 원, 류의 사고. 한국체육학회지, 43(5), 65-76.

권중기(2005). 무도종목별 이미지 비교분석을 통한 합기도장 경영 활성화방안. 미간행 석사학위논문. 국민대학교 대학원.

김영학(1996). 전공검도. 서울: 생능출판사.

송형석(2001). 동양무술의 기원과 발달에 관한 일고. 대한무도학회지, 3(1), 45-59.

안광복(2005). 철학, 역사를 만나다. 서울: 웅진 지식하우스.

여인성(2007). 태권도의 근대스포츠화 과정과 특성변화에 관한 고찰. 한국체육학회지, 46(5), 91-103.

이기세, 정형진, 최지숙(2005). 호신술과 경호무술, 혜성출판사.

이상철(1997). 경호기법에 입각한 경호무도 지도방법에 대한 고찰. 용인대학교 무도연구소지. 8(1), 13-25.

이인희(1997). 한국검도의 현황과 문제점에 대한 연구. 미간행 석사학위논문.

이종림(1995). 서울: 한국문원.

이창백(2011). 경호무도로서 합기도 기술의 적용과 실제, 영남대학교 스포츠과 학대학원, 석사학위논문

황종대, 김기홍, 김동규(2009). 경호무도로서 한국합기도 수행의 의의와 실용적 구현. 대한무도학회지, 11(3), 291-304.

■ **저자약력**

이기세	현, 국제대학교 교수 전, 우석대학교 교수 –경찰학 박사 –체육학 박사 –합기도 9단	–고려대학교 석사 –인천대학교 박사 –순천향대학교 박사
장동수	현, 인천대학교 평생교육원 초빙교수 전, 청운대학교 외래교수 –체육학 박사 –태권도 5단	–인천대학교 석사 –인천대학교 박사
신장호	현, 김포대학교 초빙교수 현, 명지대학교 대학원 외래교수 –태권도 8단 –체육학 박사	–단국대학교 석사 –선문대학교 박사
최지숙	현, 인천대학교 평생교육원 외래교수 전, 백제예술대학교 겸임교수 –체육학 박사 –태권도 6단	–인천대학교 석사 –인천대학교 박사
천인순	현, 한양대학교 미래인재교육원 겸임교수 현, 청운대학교 외래교수 전, 국제대학교 외래교수 –합기도 4단	–남서울대학교 석사 –성결대학교 교육학 박사과정
신원	현, 경남대학교 교수 전, 인천대학교 외래교수 –체육학 박사 –합기도 6단	–인천대학교 석사 –인천대학교 박사
김형욱	현, 김포대학교 교수 –체육학 박사 –태권도 5단	–용인대학교 석사 –경기대학교 박사과정

김현동	현, 한국영상대학교 교수 전, 국제대학교 외래교수 –경찰학 박사 –유도3단	–동국대학교 석사 –순천향대학교 박사
이찬중	계급 : 경감 현, 경찰인재개발원 경찰무도체육센터 (유도, 경찰호신체포술, 응급처치, 골프) 지도교수 현, 동국대PIA최고위과정 지도교수(무도) –유도6단, 태권도4단, 합기도4단	–세한대학교 석사 –순천향대학교 박사수료
김효찬	현. 대인고등학교 교사 전, 동국대학교 외래교수 –체육학 박사 –경호무술 6단	–대구대학교 석사 –인천대학교 박사
노성환	현, 을지대학교 평생교육원 외래교수 현, 한양대학교 미래인재교육원 겸임교수 –체육학 박사 –합기도 6단	–인천대학교 석사 –선문대학교 박사
최영진	현, 고려대학교 외래교수 전, 우석대학교 외래교수 –체육학 박사수료 –합기도 4단	–공주대학교 석사 –고려대학교 박사수료

경호무도

지은이 이기세 · 장동수 · 신장호 · 최지숙 · 천인순 · 신원
김형욱 · 김현동 · 이찬중 · 김효찬 · 노성환 · 최영진

2021년 2월 24일 초판 인쇄
2021년 3월 2일 초판 발행

발행인 박 진 영
발행처 도서출판 진영사
인천광역시 부평구 갈산동 185번지 풍진빌딩 303호
전화 : 032)505-4207
팩스 : 032)505-4206
E-mail : 0183734207@hanmail.net
등록 : 122-91-77317

ISBN 978-89-6541-532-9 (93350)
값 17,000원